오십,
당신은 무엇이든 할 수 있는 사람

오십,
당신은 무엇이든
할 수 있는 사람

지인옥 지음

테라코타

늦은 시작이 실패를 의미하지 않는다.

멈춘 순간이 진짜 실패다.

늦게 시작한다고 좌절할 필요는 없다.

중요한 건 속도가 아니라,

포기하지 않고 계속 나아가는 마음이다.

오늘 한 걸음, 내일 또 한 걸음이 결국 새로운 길을 만든다.

두려움은 시작을 늦출 뿐, 끝까지 가는 걸 막을 순 없다.

두려움 때문에 발걸음을 멈추는 순간, 시작은 늦어질 수 있다.

그러나 한 번 용기를 내어 움직이면, 두려움을 넘어설 수 있다.

결국 끝에 도달하는 사람은 두려움 속에서도 나아간 사람이다.

완벽한 순간은 오지 않는다.

시작하는 순간이 완벽해진다.

우리는 늘 '지금은 준비가 안 됐다'라고 자신을 설득한다.

하지만 시작하지 않으면 완벽은 그저 환상일 뿐이다.

첫걸음을 내딛는 순간에 완벽해진다.

나이는 꿈을 재는 기준이 아니다.

포기가 기준이다.

나이는 새로운 시작을 막는 이유가 될 수 없다.

진짜 기준은 나이가 아니라 포기했는지다.

꿈을 향해 한 걸음이라도 다가간다면 늦은 시작은 없다.

누구든, 충분히 할 수 있다

"이 나이에 뭘 새로 시작해?"

혹시 이런 말을 자신에게 해 본 적 있는가? 나 역시 그랬다. 60세에 처음 펜을 들었을 때, 인스타그램 계정을 만들었을 때, 65세에 AI 유튜브 강의실 문을 열었을 때, 새로운 시작 앞에서 그 말은 늘 머릿속을 맴돌았다.

그러나 결국, 나는 해냈다. 24시간 베이비시터로 지내던 평범한 한 사람이 60대에 작가가 되었다: 온라인 커뮤니티를 통해 글쓰기를 지도하며 지금까지 250여 명이 책을 쓰도록 도움을 주었다. 인스타그램 팔로워 4만 명과 매일 이야기를 나누고, 65세에 시작한 AI 유튜브로 수익도 내고 있다. 특별한 재능이 있어서도, 든든한 배경이 있어서도 아니다. 단 한 가지, 나이를 핑계 삼지 않기로 선택했을 뿐이다.

이 책은 '늦었다'라는 생각에 갇힌 당신을 위한 책이다.

50대, 60대, 70대. 우리는 살아온 시간이 길어질수록 이상하게도 더 움츠러든다.

"이제는 쉬어야지."

"그건 젊은 사람들이나 하는 거야."

"배우기에는 너무 늦었어."

이런 말들은 우리를 스스로 작아지게 만든다. 하지만 진실은 이렇다. 우리에게는 아직 20년, 30년이 더 남아 있다. 한 분야의 전문가가 되기에도, 인생을 다시 설계하기에도, 오래 품어 온 꿈을 실현하기에도 충분한 시간이다.

나는 이 책에서 거창한 성공담을 들려주려 하지 않는다. 대신 솔직하게 말하고자 한다. 두려웠던 순간들, 실패했던 경험들, 그런데도 멈추지 않을 수 있었던 이유를. 그리고 60대가 디지털 세상에서 살아남고 성장하는 방법을. 완벽하지 않아도 시도해 볼 수 있다는 사실을.

이 책의 각 장은 이런 질문에 답한다.

"60세에 글쓰기를 시작해도 될까?"

"시니어도 SNS를 할 수 있을까?"

"나이 들어 새로운 기술을 배울 수 있을까?"

"실패가 두렵다면 어떻게 해야 할까?"

페이지마다 조용히, 그러나 확실하게 말할 것이다.

"할 수 있다. 누구든, 충분히."

살면서 미뤄 온 일, 포기했던 꿈, 불가능하다고 여겼던 도전. 지금 시작해도 늦지 않았다. 아니, 지금이야말로 가장 알맞은 때다. 나이는 숫자일 뿐이지만, 선택은 우리의 몫이다.

역할이 줄어들며 늙어 갈 것인가, 새로운 역할을 키우며 나이
들 것인가. 과거에 머물 것인가, 미래를 만들어 갈 것인가. 완
벽해지기를 기다릴 것인가, 지금 있는 모습 그대로 시작할 것
인가.

　이 책의 마지막 장을 덮을 때, 당신은 다르게 말하게 될 것
이다.
　"이 나이에 뭘 해"가 아니라 "이 나이에도 할 수 있어"라고.
　"늦었어"가 아니라 "지금부터"라고.
　오십, 당신은 무엇이든 할 수 있는 사람이다. 아직 믿기지
않는가? 괜찮다. 이 책이 증명해 줄 테니.
　지금, 첫 페이지를 넘기는 순간 당신의 새로운 시작이 여
기서 펼쳐질 것이다.

3장   세상과 다시 연결되는 사람

해 보지 않으면 아무것도 일어나지 않는다

1장

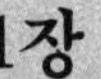

빠르지 않지만
끝까지 가는 사람

늦게 시작한 사람에게만
보이는 길이 있다

절망 끝에서도 희망은
조용히 자란다

인생이 무너진 자리에서 다시 일어서기 위해

'나도 뭔가 해 보고 싶다'라는 생각을 놓지 않기로 했다.

──────── 나는 마흔아홉에 모든 걸 잃었다. 작게 시작한 사업이 갑작스러운 화재로 한순간에 잿더미가 되었고, 남은 것은 빚과 걱정뿐이었다. 생활비, 아이들 학비, 월세… 하루하루가 생존을 위한 돈과의 싸움이었다. 세상이 무너진 듯했지만, 아이들이 나를 바라보고 있었기에 주저앉을 수는 없었다. 어떻게든 버텨야 했다. 어떻게든 살아야 했다. 삶은 예고 없이 모든 것을 앗아가기도 한다.

절망의 늪에서 빠져나오지 못할 것 같은 순간도 있다. 하지만 그 속에서도 다시 일어설 힘이 우리 안에는 분명히 존재한다. 누군가를 위해 견디는 삶은 약해 보일지 몰라도, 그 안에는 포기하지 않는 단단함이 숨어 있다. 절망의 끝에서도 아주 조용하고, 끈질기게 희망은 자란다.

그때의 나는 오직 아이들을 위해 버티고 있었다. 울 시간도, 생각할 여유도 없었다. 움직이지 않으면 안 되는 날들이 계속되었다. 그래서 선택한 일이 베이비시터였다.

중개소를 통해 돌보게 된 첫 번째 아기는 돌도 채 지나지 않았다. 기저귀를 갈고, 분유를 타고, 밤새 아기를 안고 재웠다. 몸은 녹초가 되었지만, 이상하게도 마음은 조금씩 편해졌다.

아기는 내게 아무것도 묻지 않았다. 내가 얼마나 힘든지, 무엇을 잃었는지. 그저 울다가 웃고, 잠들 뿐이었다. 그 단순함이 오히려 위로가 되었다.

처음엔 '살기 위해' 시작한 일이었다. 24시간 근무는 생각보다 고됐다. 자유가 없었다. 누가 강요한 건 아니었지만, 스스로 굴레 속에 갇혀 있었다.

"잠깐만 버티면 돼. 곧 다시 예전으로 돌아갈 수 있을 거야."

그렇게 나를 다독였지만, 1년이 지나고 2년이 지나도 나는 여전히 같은 자리에 있었다. 밤이 깊어지면 세상은 고요해졌다. 아기 침대 옆에 앉아 작은 스탠드 불빛 아래 창밖을 바라보곤 했다. 그럴 때면 문득 생각했다.

'나는 10년, 20년 후에 무엇을 하고 있을까?'

'이대로 늙어가도 괜찮을까?'

오십을 훌쩍 넘긴 나이에, 어느새 두려움이 밀려왔다. 나는 누군가의 집에서 아이를 돌보다가 어느 날 문득 할머니가 되어 있을 것 같았다. 그게 나쁘다고 할 순 없지만, 그게 전부인 인생은 아니길 바랐다.

그즈음, 아주 오래된 생각이 스쳤다.

"글을 써 볼까?"

고등학생 시절, 나는 매일 일기를 썼다. 문학소녀처럼 글쓰기를 좋아했고, 언젠가 책을 쓰는 사람이 되고 싶었다. 그러나 결혼하고, 아이를 키우고, 사업을 하면서 그 꿈은 점점 멀어졌다. 일기장은 사라졌고, 글쓰기는 사치처럼 느껴졌다.

그런데 그날 밤, 잊고 있던 꿈이 다시 떠올랐다. 조심스러웠지만, 나는 그 생각을 놓지 않기로 했다. 쉬는 날이면 중고 서점에서 책을 뒤적였고, 아이를 돌보다가 떠오른 문장을 휴대폰 메모장에 적었다. 잘 쓴 글은 아니었지만, "나 같은 사람도 쓸 수 있다"라는 믿음을 심어 주는 글쓰기 책들이 큰 위로가 됐다. 처음에는 두서없는 문장뿐이었다.

오늘 아기가 처음 옹알이를 했다.
저녁 하늘이 예뻤다.
나는 왜 이렇게 외로울까.

그 문장들을 쓰는 동안만큼은, 나는 베이비시터가 아니었다. 오롯이 '나'였다.
오랜만에 만난 친구가 물었다.

“요즘 무슨 일 있어? 표정이 좋아졌네.”

나는 웃으며 말했다.

“그냥… 요즘 책 좀 읽고 있어.”

글을 쓴다고 말하기엔 아직 부끄러웠지만, 내 안에서는 뭔가 조금씩 움직이고 있었다. 마치 봄이 오기 전, 땅속에서 씨앗이 움트는 것처럼.

인생이 무너진 자리에서 다시 일어서기 위해 거창한 결심이 필요한 것은 아니다. 그저 아주 작은 마음 하나, ‘나도 뭔가 해 보고 싶다’라는 그 생각을 놓지 않는 것, 그게 시작이었다. 나는 그날 밤, 다시 꿈을 꾸기로 했다. 너무 늦었다고 생각하지 않기로 했다.

베이비시터로 일한 12년 동안, 나는 여러 아이의 성장을 지켜봤다. 아이들은 매일 조금씩 변했고, 실수해도 다시 일어섰다. 그것이 성장이라는 걸 그들 덕분에 배웠다.

나는 실수가 두려워 아무것도 하지 못하고 있었지만, 누군가를 돌보는 사람으로만 남고 싶지는 않았다. 내 삶도 다시 시작될 수 있음을 믿고 싶었다.

그날 이후로 나는 달라졌다. 여전히 베이비시터였지만, 내 안에는 작은 불씨가 타오르고 있었다. 그 불씨는 작았지만 꺼지지 않았다. 휴대폰 메모장 속 문장들은 점점 쌓였고, 어느새 수십 개가 되었다.

"이걸 모으면 뭔가 될 수도 있겠는데?"

그 막연한 바람이 결국 나를 여기까지 데려왔다. 아무도 나를 주목하지 않는 밤, 아무도 응원하지 않는 시간 속에서, 그저 내가 나를 포기하지 않기로 한 그 순간부터 인생의 후반전은 그렇게 시작되었다.

"지금 써도 될까?"에서
"지금 쓰고 있다"로

"지금 써도 될까?"라는 주저함은

결국 "지금이니까 쓸 수 있다"라는 깨달음으로 이어진다.

──────── 글을 쓰고 싶다는 마음은 오래전부터 내 안에 있었지만 늘 미뤘다.

'지금은 때가 아니야.'

'이 나이에 무슨.'

무엇보다, '나는 자격이 없는 사람이야'라는 생각 때문이었다.

나는 평생 책을 손에서 놓지 않았다. 아이를 키우면서도, 일터에서도, 책은 언제나 내 곁에 있었다. 베이비시터로 일할 때도 아이가 낮잠을 자면 책을 펼쳤다. 그 시간만큼은 내가 다른 세상에 있는 듯했다.

책을 읽으며 종종 '나도 언젠가 이런 글을 써 보고 싶다'라고 생각했다. 하지만 '작가는 특별한 사람'이라며 스스로 선을 그었다. 그렇게 세월이 흘렀고, 오십이 훌쩍 넘어갔다. 책은 수백 권 읽었지만 단 한 줄도 쓰지 않았다.

어느 날 밤, 검색창에 이렇게 적었다.

'나이 들어 글쓰기를 시작해도 될까요?'

누구의 허락이 필요했던 걸까. 그때 만난 한 문장이 내 마음을 붙잡았다.

"글을 쓰고 싶다면, 지금 쓰면 됩니다. 나이는 핑계일 뿐이에요.”

단순한 문장이었지만 내 안의 닫힌 문이 드디어 열렸다. 그날 이후 나는 내 안의 목소리를 듣기 시작했다.

‘나는 무엇을 쓰고 싶은가.’

‘어떤 이야기를 나누고 싶은가.’

평생 남의 이야기를 들어 주던 나는, 정작 내 이야기를 꺼내는 법을 몰랐다. 하지만 시간이 지나고 보니 분명히 알게 되었다. 사람들은 거창한 이야기보다 진심이 담긴 진짜 이야기를 원한다는 걸. 나는 사랑도 했고, 실패도 겪었지만 다시 일어섰다. 그 모든 시간이 내 글의 재료였다.

처음 쓴 문장은 이랬다.

나는 오늘 아침 창문을 열었다. 바람이 불어왔다.

평범했지만 지우지 않았다. 며칠 뒤 이런 문장이 나왔다.

혼자 먹는 밥이 외로운 건 아니다. 다만, 이 고요를 나누고 싶을 뿐이다.

그때 처음 '이게 내 목소리구나'라고 느꼈다. 글쓰기는 재능이 아니라 진심의 연습이었다. 처음엔 어색하고 서툴지만, 계속 쓰다 보면 어느 순간 진짜 내 목소리로 말하기 시작한다.

"지금 써도 될까?"라는 물음은 곧 "지금이니까 쓸 수 있구나"로 바뀌었다. 나이는 핸디캡이 아니라 자산이었다. 젊을 땐 쓸 수 없는 문장들이 있다.

다시 시작해도 괜찮다.

이 문장은 마흔아홉에 무너지고 50대 후반에 다시 일어선 내가 쓸 수 있었다. 이제 나는 두렵지 않다. 실력은 부족해도 자격은 충분하기 때문이다. 쉰아홉 살이 되던 해, 마음속으로 다짐했다.

예순이 되면 책을 쓰기 시작하자.

그 후 나는 꾸준히 연습했다. 짧은 글을 쓰고, 지우고, 다시 썼다. 아이를 돌보며 이런 문장을 떠올렸다.

아기가 넘어지고, 일어서고, 또 넘어졌다. 나도 그렇게 나아가고 있다.

예순을 앞둔 어느 날, 나는 노트북을 켰다.

나는 오늘부터 책을 쓰기 시작한다.

그게 내 인생 후반전의 시작이었다. "지금 써도 될까?"라는 질문은 이제 "지금 쓰고 있다"가 되었다. 그리고 그 문장은 지금도 계속되고 있다.

우리는 종종 "지금 시작해도 될까?"라고 묻는다.

그러나 그 질문 속에는

이미 시작하고 싶다는 마음이 숨어 있다.

문제는 때가 아니라 용기다.

누군가의 허락을 기다리며 세월을 보내지만,

사실 우리의 삶을 바꾸는 순간은 언제나

아주 조용한 결심에서 시작된다.

멈추지만 않으면
느려도 괜찮다

작은 성취를 축하할 줄 아는 사람이 끝까지 간다.

오늘 쓴 한 문장이 쌓여 결국 한 권의 책이 된다.

──────── 60이라는 숫자를 받아들이기까지 시간이 걸렸다. "이제 쉬어야지"라는 주변의 말에 나도 고개를 끄덕였지만, 마음 한쪽은 자꾸만 꿈틀거렸다.

"이대로 내 인생을 끝낼 순 없어."

60은 묘한 나이였다. 한편으로는 '이제 끝이구나' 싶다가도, '이제부터 진짜 내 인생이구나' 싶었다. 환갑을 축하받았지만 내 마음은 즐거움보다 불안이 앞섰다.

"앞으로 나는 뭘 하며 살지?"라는 질문이 매일 아침 나를 깨웠다.

그 무렵, 베이비시터 일을 하며 틈틈이 써 둔 메모장을 다시 펼쳤다.

오늘 아기가 엄마를 보며 처음으로 '엄마'라고 불렀다. 나는 왜 울컥했을까.

혼자 먹는 저녁밥이 외롭지 않은 건 아니지만, 그래도 괜찮다고 생각하려 한다.

짧은 문장 속에 내 삶이 고스란히 담겨 있었다. 그 글들을 읽으며 깨달았다.

‘이게 바로 내 이야기구나. 누구도 대신 써 줄 수 없는 이야기.’

그날 이후 글을 써 보겠다는 마음은 진심이 되었다.

‘그래, 책을 써 보자. 60세에 책을 쓰는 거야.’

글을 쓰겠다고 마음먹은 뒤에도 두려움이 남아 있었다.

‘나이 들어서 이런 걸 시작해도 될까?’

그때 우연히 알게 된 사람이 있었다. 세계가 사랑한 화가, 모지스 할머니. 그녀 역시 평생 농장 일을 하며, 가족을 돌보느라 자신의 꿈을 펼칠 기회가 없었다. 젊은 시절 자수를 놓았지만, 관절염으로 바늘을 잡을 수 없게 되면서 72세에 붓을 들었고, 76세에 본격적으로 그림 인생을 시작했다.

모지스 할머니는 거창한 미술교육을 받은 적이 없었다. 그저 살아온 삶을 그대로 농촌 풍경과 사람들로 그려냈다. 그 그림들은 어느 날 작은 가게 벽에 걸렸고, 우연히 들른 수집가의 눈에 띄었다. 그 후 그녀의 작품은 갤러리에서 전시되고, 사람들은 그녀를 ‘국민 화가’라 불렀다.

모지스 할머니는 인생 후반기에만 1,600여 점의 작품을 남겼다. 그녀의 삶이 나에게 이렇게 속삭이는 것만 같았다.

“늦은 시작은 없다. 준비된 시간이었을 뿐이다.”

모지스 할머니의 이야기를 듣고 '그녀가 70대에 붓을 들었다면, 나는 60세에 펜을 들 수 있다'라고 생각했다.

모지스 할머니 이야기에서도 알 수 있듯이 나이는 장벽이 아니다. 오히려 살아온 시간이 글을 더 깊고 진실하게 만든다. 60이든 70이든, 시작하고 싶다면 그 마음이 출발선이다. 다만 어디서부터 어떻게 시작해야 할지 막막했다.

글쓰기 책을 읽고, 온라인 강의를 찾아 듣고, 먼저 시작한 사람들의 이야기를 들었다. 그러다 '책 쓰기 수업' 광고를 보았다.

"누구나 책을 쓸 수 있습니다. 6개월 안에 완성하는 출판 과정."

반신반의했지만, 이번이 아니면 평생 못 할 것 같았다. 신청서를 내고 입금을 한 순간, 두려움보다 설렘이 앞섰다. 하지만 개강을 며칠 앞두고 세상이 멈췄다.

코로나였다. 오프라인 수업이 취소되고, '줌Zoom'으로 진행된다는 공지가 왔다. 줌이 뭔지도 몰랐다. 링크를 눌러도 아무 일도 일어나지 않았다. 첫 수업 날, 컴퓨터 앞에서 한 시간 넘게 씨름하다 결국 울음을 터뜨렸다.

"왜 이렇게 어려운 걸까. 나는 왜 이것조차 못할까."

전화로 도움을 요청했지만, 설명이 이해되지 않았다. 결국 그날 수업은 놓쳤다. 울며 컴퓨터를 껐다. 그러나 그 좌절이 끝은 아니었다. 새로운 도전 앞에서 넘어지는 건 부끄러운 일이 아니다. 울어도 된다. 다시 시작하면 되니까. 딸의 도움으로 두 번째 수업엔 접속할 수 있었다. 화면 속 낯선 얼굴들, 멀리 떨어져 있지만 함께 배우는 사람들이 보였다.

"아, 이게 줌이구나."

조금씩 익숙해졌다. 어느 쪽으로 카메라를 봐야 할지, 음소거를 언제 해지해야 하는지 서툴렀지만 포기하지 않았다. 모르는 걸 인정하고 배우려는 마음, 그게 진짜 용기였다.

수업은 체계적이었다. 책의 구조, 목차 구성, 독자를 생각하며 글 쓰는 법 등 모두 어려웠지만 재미있었다.

강사님이 말했다.

"완벽한 글을 쓰려고 하지 마세요. 그냥 쓰세요. 끝까지 쓰는 게 중요합니다."

그 말이 자신감을 심어 주었다. 나는 완벽하지 않아도 괜찮았다. 그저 내 이야기를 솔직하게 쓰면 됐다.

하루에 한 문장이라도 쓰기로 했다. 독수리 타법으로 한 글자씩 타이핑을 했다. 젊은 사람들은 빠르게 쳤지만, 나는 내 속도로 갔다. 매일 한 글자씩 쌓다 보니 한 달 뒤엔 열 페이지, 두 달 뒤엔 스무 페이지가 되었다. 다른 수강생들은 나보다 젊고 글도 빨리 타이핑했지만, 비교하지 않기로 했다. 비교는 독이다. 중요한 건 남이 아니라 어제의 나보다 얼마나 더 나아졌는가다.

60세에 책을 쓴다고 했을 때, 놀라거나 걱정하는 사람도 있었다. 하지만 가장 많이 의심한 건 나 자신이었다.

"나이 들어서 이런 걸 시작해도 될까?"

그런데도 멈추지 않은 이유는, 글을 쓰는 동안만큼은 '나 자신으로 존재한다'라는 느낌 때문이었다. 그것이 내 인생을 다시 살아 보게 한 도전이었다.

첫 원고 열 페이지를 출력했을 때, 눈물이 났다. 이번엔 좌절이 아니라 기쁨의 눈물이었다.

'나도 할 수 있구나.'

작은 성취를 축하할 줄 아는 사람이 끝까지 간다. 오늘 쓴 한 문장, 그 한 페이지가 쌓여 결국 한 권의 책이 된다. 60세의 도전은 늦지 않았다. 오히려 내 인생에서 가장 완벽한 타이밍이었다.

자기만의 공간에서 온전히 나를 쓰는 시간

글을 쓴다는 건 나를 나에게 다시 소개하는 일이다.

글은 내 상처를 조용히 쓰다듬는 손길 같다.

──────── 글을 쓰기 전, 나는 메니에르병을 앓고 있었다. 자주 어지럽고, 귀가 멍하게 먹먹했다. 가만히 있어도 세상이 빙글빙글 도는 날이 많았다. 일상생활은 겨우 버텼지만, 머릿속은 늘 뿌연 안개 속 같았다.

처음 증상이 나타난 건 50대 중반이었다. 별것 아니라고 넘겼다.

"피곤해서 그렇겠지, 나이 탓이겠지."

하지만 증상은 점점 심해졌다. 어느 날 아침, 일어나려는데 세상이 요동쳤다. 천장이 기울고, 벽이 쏟아질 듯했다. 침대에서 일어나지 못하고 그대로 쓰러졌다. 구역질이 올라오고 식은땀이 흘렀다. 정신을 차려 보니 바닥이었다. 그날 처음으로 119를 불렀다.

응급실에서 링거를 맞으며 생각했다. 이러다 죽는 건 아닐까. 의사는 "메니에르병일 가능성이 크다"라고 했다. 완치는 어렵지만 관리하며 살 수 있는 병이라고. 그날 이후 같은 일이 여러 번 반복됐다. 갑자기 어지러움이 몰려오면 다시 구급차를 불렀다. 어느새 구급차를 타는 일이 익숙해질 정도였다. 그게 얼마나 슬픈 일인지, 그때 처음 알았다.

약을 2년 가까이 복용했지만, 증상은 완전히 사라지지 않았다. 좋아졌다가도 다시 나빠졌다. 괜찮다가 갑자기 귀가 먹 먹해지고 머리가 지끈거렸다. '오늘도 쓰러지는 건 아닐까' 하는 불안이 늘 따라붙었다. 혼자 있을 때 증상이 오면 어쩌 나 하는 두려움에 외출도 줄었다. 몸이 아프면 마음도 함께 움츠러든다. 하지만 반대로, 마음이 회복되면 몸도 따라 나아 진다.

그때 내게 글쓰기는 어쩌면 무모한 선택이었다. 머리를 써 야 하고, 집중해야 하고, 감정을 들여다봐야 하는 일이었다. 병을 악화시킬지도 모른다는 생각이 들었다. 실제로 처음 며 칠은 그랬다. 화면을 오래 보면 어지러웠고, 글을 쓰면 머리 가 지끈거렸다. 그런데도 나는 쓰기로 했다. 이유는 단순했 다. 글을 써야 살 수 있을 것 같았다. 이건 논리보다 본능에 가까웠다. 이대로 있으면 병 때문에라도 자신이 점점 작아질 것 같았다. 아픈 사람, 무기력한 사람으로 남고 싶지 않았다. 실제로 컬럼비아 의대 켈리 하딩Kelli Harding 교수의 연구에 따 르면, 어린 시절 트라우마를 글로 쓰는 것만으로도 주관적 고 통이 줄고 면역기능 관련 혈청 지표가 개선되었다고 한다. 이 처럼 글쓰기는 단지 감정을 풀어내는 행위를 넘어, 마음과 몸 이 함께 치유되는 과학적 과정이기도 하다.

처음엔 하루 한 문장도 힘들었다. 하지만 포기하지 않았다. 10분 쓰고 쉬고, 다시 10분 쓰고 쉬며 조금씩 시간을 늘려 갔다. 그런데 이상하게도, 쓰다 보면 통증이 줄어들었다. 마음이 고요해지고, 생각이 정돈되었다. 글을 쓸 때만큼은 병이 나를 지배하지 않았다. 내가 나를 지배했다.

하루에 한 문단, 이틀에 한 꼭지씩 쓰던 어느 날 문득 깨달았다.

"요즘은 어지러움이 훨씬 줄었네."

약 먹는 시간도 잊을 때가 있었다. 예전엔 약이 하루를 지배했는데, 이제는 글쓰기가 하루를 채웠다. 증상도 눈에 띄게 줄었다.

글쓰기 덕분이라고 단정할 수는 없지만, 마음이 정리되고 있다는 건 확실했다. 마음과 몸은 연결되어 있다. 불안하면 몸이 아프고, 마음이 즐거우면 몸도 따라 건강해진다. 좋아하는 일에 몰입하는 것이 약보다 더 큰 힘이 된다는 걸 느꼈다.

감춰 두었던 감정, 말하지 못한 후회, 숨겨 왔던 진심을 하나씩 글로 쓰며 나는 나 자신을 다시 마주했다.

사업이 망했을 때, 모든 게 내 잘못이라고만 생각했다. 하지만 그건 내 잘못만은 아니었다. 나는 최선을 다했고, 이제는 나를 용서해야 한다.

이 문장을 쓰고 한참을 울었다. 10년 넘게 나를 괴롭히던 죄책감이 조금씩 사라졌다.

나는 아이들에게 좋은 엄마가 아니라고 생각했다. 늘 일하느라 바빴고, 여유도 없었다. 하지만 나는 할 수 있는 최선을 다했다. 그걸로 충분하다.

이 글을 쓰면서 비로소 나를 인정할 수 있었다.

그전까지 나는 늘 '누군가를 위한 사람'으로만 살았다. 엄마로, 일하는 사람으로, 하루를 버티는 사람으로. "나는 뭘 좋아하지?" 이 질문을 자신에게 던진 게 언제였는지 기억나지 않았다. 아니, 어쩌면 한 번도 묻지 않았던 것 같다.

글을 쓰며 다시 나 자신을 만났다. 내가 어떤 생각을 하고, 무엇을 좋아하는지, 어떤 말을 하고 싶었는지 깊이 들여다보았다. 조용한 아침과 커피 한 잔을 좋아하고, 누군가의 진솔한 이야기를 듣고 그걸 내 방식으로 풀어내는 걸 즐거워한다는 걸 알았다. 그리고 무엇보다, 나는 오래전부터 '쓰는 사람'이 되고 싶었다는 걸 깨달았다.

글을 쓰면서 몸이 점점 나아졌다. 어지러움은 줄고, 6개월쯤 지나자 거의 증상이 사라졌다.

의사는 놀라며 말했다.

"관리 정말 잘하셨네요. 약을 줄여 볼까요?"

나는 웃으며 대답했다.

"네, 좋아요."

아픔은 우리를 멈추게 하지만, 진심으로 원하는 일을 향해 나아갈 때 그 아픔조차 물러선다. 좋아하는 일을 하는 것이 약보다 더 강력한 치유였다.

몸이 나아진 것도 감사했지만, 더 큰 변화는 마음이 회복된 것이었다. 2년 가까이 먹던 약을 끊던 날, 나는 조용히 웃었다.

"이렇게도 치유가 되는구나."

이제는 병에 지배당하지 않는다. 가끔 증상이 나타나도 두렵지 않다. '내가 좀 무리했구나' 하고 쉬면 된다. 그리고 다시 내가 좋아하는 일을 하면 된다.

글을 쓴다는 건 세상에 이야기를 들려주는 일이 아니라,

나를 나에게 다시 소개하는 일이다. 글은 내 상처를 조용히 쓰다듬는 손길 같다.

그래서 나는 한 문장씩, 나를 다시 만나기 위해 지금도 쓴다. 글을 쓰는 시간은 나를 위한 시간이다. 누구도 방해할 수 없는, 오직 나만의 시간. 그 안에서 나는 내가 누구인지 기억하고, 어디로 가고 싶은지, 무엇을 소중히 여기는지 확인한다.

좋아하는 일을 한다는 것이 이렇게 큰 힘이 될 줄은 몰랐다. 병을 이기는 힘도, 나를 다시 찾는 힘도, 모두 거기서 나왔다.

지금 이 글을 읽는 당신이 몸이나 마음이 아프다면, 나는 이렇게 말하고 싶다. 작은 것이라도 괜찮으니, 좋아하는 일을 찾아보라고. 그것이 분명, 당신을 살리는 힘이 될 거라고. 나에게 그 힘은 글쓰기였다. 그리고 그 글쓰기가 나를 다시 살아 있게 만들었다.

누구에게나 말하지 못한 상처가 있다.

시간이 지나면 괜찮아질 거라 믿지만,

마음속 깊은 곳에 남은 흔적은 때로

우리의 오늘을 무겁게 만든다.

이럴 땐 더 이상 누구에게 설명하지 않아도 되고,

솔직해도 괜찮은 자기만의 공간에서

조용히 글을 쓰다 보면 나를 다시 만나게 된다.

시작하고 나면
모든 것이 쉬워진다

나이가 든다는 것은 단순히 시간이 흐르는 것이 아니라,

삶의 재료가 차곡차곡 쌓여 간다는 증거다.

──────── 나는 늘 느린 사람이었다. 생각이 많았고, 결정이 늦었다. 어릴 적엔 "너는 왜 그렇게 느려?"라는 말을 자주 들었다. 그 말이 나를 초라하게 만들었다. 어른이 되어서도 달라지지 않았다. 빠른 세상 속에서 늘 뒤처진 사람 같았다.

글을 쓰는 일도 그랬다. 마음속에서는 오래전부터 원했지만, 펜을 들기까지 몇 년이 걸렸다. 책 쓰기 수업을 들을 때도 남들은 한 달 만에 초고를 완성했지만, 나는 한 장을 쓰는 데 며칠이 걸렸다. '왜 이렇게 느릴까' 자책하곤 했다. 그런데 글을 쓰며 알게 됐다. 늦게 시작했기 때문에 쓸 수 있는 이야기들이 있다는 것을.

> 마흔아홉에 모든 걸 잃고, 베이비시터로 일하며 다시 꿈을 꾸기 시작했다.
> 병을 앓으며 깨달았다. 좋아하는 일을 하는 게 약보다 더 나를 낫게 한다는 걸.

이런 이야기는 스물다섯, 서른다섯의 내가 쓸 수 없었다. 오직 지금의 나만이 쓸 수 있는 이야기였다. 늦은 시작은 단점이 아니라 자산이었다. 살아온 시간, 경험한 일, 느낀 감정이 모두 내 글의 재료가 되었기 때문이다.

나는 단숨에 이룬 것이 하나도 없다. 일도, 관계도, 건강도 오래 걸려 겨우 버텨 내다 이루었다. 베이비시터 일을 처음 시작했을 땐 창피했다. 하지만 12년을 하며 알았다. 일에는 귀천이 없고, 누군가를 돌보는 일은 아름답다는 것을.

메니에르병으로 세상이 끝난 듯했지만, 그 시간을 견디며 나는 진짜 나를 만났다. 아픔 속에서 내가 무엇을 좋아하고, 어떻게 살아야 행복한지 알게 됐다. 그 모든 경험이 내 글의 뼈대가 되었다. 그래서 나는 화려한 문장보다 진실한 한마디를 쓰려고 했다. "60세에도 새로운 시작을 할 수 있다"라는 말은 단순한 위로가 아니라, 내가 실제로 그렇게 했기 때문에 알고 있는 진실이다.

이렇게 내가 늦은 시작을 할 수 있었던 건 일본의 시바타 도요 할머니 덕분이기도 하다. 그녀는 놀랍게도 92세에 시를 쓰기 시작했으며, 99세에 첫 시집《약해지지 마》를 출판하여 150만 부 이상 팔리며 베스트셀러가 되었다. 시바타 할머니의 시에는 "한숨 짓지 말라", "꿈은 누구나 꿀 수 있다"와 같은 위로의 말이 담겨 있다. 그녀는 많은 이들에게 "늦더라도 마음을 다해 시작하면 의미 있는 무언가를 남길 수 있다"라는 희망을 보여 주었다.

시바타 할머니의 사례는 내게도 큰 울림이 되었다. 나는 첫 책을 60세에 냈지만, 그 연륜과 경험이 내 글에 담길 수 있었다. 나이가 든다는 것은 단순히 시간이 흐르는 것이 아니라, 삶의 재료가 차곡차곡 쌓여 간다는 증거다. 또한 진심은 언제나 통한다. 멋진 말보다 진실한 말이 더 강하다. 나이 듦은 부끄러움이 아니라, 삶의 깊이가 더해지는 과정이다.

젊을 땐 제목이 멋져야 글을 쓸 수 있을 것 같았지만, 지금은 마음이 담기면 단어 하나로도 충분하다는 걸 안다. 나는 '고요'라는 단어를 좋아한다. 단 두 글자에 혼자 있는 평온함, 아무것도 히지 않아도 괜찮다는 안도감이 담겨 있다. 완벽하지 않아도 계속 쓰면 된다는 걸 깨달은 지금, 나는 글을 쓰는 게 두렵지 않다.

첫 책의 첫 문장은 서툴렀지만, 그게 문제는 아니었다. 서툴러도 계속 쓰니 한 권의 책이 완성됐다. 완벽한 시작을 기다리다가는 결국 아무것도 못 하게 된다. 시작은 언제나 불완전하지만, 꾸준히 하면 완성된다.

글도 인생도 빠른 속도보다는 지속하는 힘이 중요하다. 빨리 쓴 글보다 천천히 쓴 글이 더 깊고, 빨리 성공한 사람보다 묵묵히 걸어온 사람이 더 단단하다. 나는 늦은 시작 덕분에 그걸 배웠다.

예전엔 다른 사람의 속도를 부러워했지만, 이제는 안다. 내 글에는 60년의 삶이 담겨 있다. 그 무게와 깊이는 누구도 흉내 낼 수 없다. 비교는 독이다. 중요한 건 멈추지 않는 것이다. 늦게 시작했기에 나는 더 진지했고, 더 간절했다. 그리고 그 진심이 사람들에게 닿았다.

"60세에도 시작할 수 있다는 걸 보여 주셔서 감사해요."

이런 메시지를 받을 때마다 생각한다.

'늦게 시작해서 오히려 잘됐다.'

늦은 시작은 실패가 아니라 더 단단한 시작이다. 지금까지의 시간은 모두 준비 과정이었다. 나는 빠르지 않지만, 끝까지 가는 사람이다. 천천히 가도 괜찮다. 중요한 건 포기하지 않는 것이다. 그게 바로 늦은 시작이 내게 준 선물이다. 조급하지 않아도 된다는 여유, 완벽하지 않아도 된다는 자유, 그리고 내 속도로 살아도 괜찮다는 확신. 60세에 시작한 이 길을 나는 끝까지 걸어갈 것이다. 천천히, 하지만 단단하게.

일본의 시바타 도요 할머니는
92세에 처음 시를 쓰기 시작했고,
99세에 첫 시집을 냈다.
그 나이까지 살아 낸 시간이 그녀의 시가 되었고,
깊이가 담긴 시 구절은 수많은 사람의 마음을 울렸다.
인생의 늦은 시작은 실패가 아니라,
오래 숙성된 출발점이다.
빠르지 않아도 괜찮다.
천천히 가더라도, 진심으로 가면 된다.

06

완벽보다 중요한 건
출발이다

부족함은 동력이다.

완벽했다면 더 나아갈 이유가 없었을 것이다.

부족하기에 우리는 성장한다.

──────── 내 이름으로 된 책이 세상에 나왔을 때, 기쁨보다 먼저 든 감정은 부끄러움이었다. 표지도, 제목도, 문장도 지금 돌아보면 어설펐다. 편집도 서툴렀고, 고치고 싶은 표현이 너무 많았다. 출간일이 다가올수록 불안했다.

'이걸 정말 세상에 내놔도 될까?'

몇 번이고 원고를 읽으며 수정했지만, 마감은 다가왔고 결국 원고를 넘겼다. 그리고 몇 달 후, 완성된 책을 손에 쥐었다. 내 이름이 표지에 박혀 있었다. 내가 쓴 글이 인쇄된 책으로 세상에 나온다는 게 신기했다. 동시에 두려웠다.

'사람들이 이걸 읽으면 뭐라고 할까?'

그래도 책은 세상에 나왔다. 완벽하지 않았지만, 끝까지 완성했다는 것이 중요했다. 계획만 하다 멈췄던 일들 속에서 처음으로 끝을 본 일이었다. 그건 내게 작은 기적이었다.

완성하는 것이 가장 중요하다. 완벽하지 않아도 괜찮다. 끝까지 해냈다는 것, 그 자체가 성취다. 많은 사람이 시작은 하지만 끝까지 가지 못한다. 나는 해냈고, 그 사실만으로도 자랑스러웠다.

출간 후 며칠은 기쁘면서도 민망했다. 하지만 시간이 지나며 마음속에서 작은 변화가 생겼다.

"나도 할 수 있구나."

어설펐지만, 완성의 경험은 나에게 단단한 자신감을 심어 주었다. 그 후 사람들은 내 이야기에 귀 기울였고, 누군가는 "나도 책을 써 보고 싶다"라고 말했다. 나 같은 사람이 누군가의 시작이 될 수 있다는 것이 놀라웠다.

어느 날, 한 독자가 남긴 서평을 봤다.

"좋은 책 잘 읽었습니다. 다만 몇 가지 오타가 있어서 알려 드립니다. 23페이지 일곱 번째 줄, '이였다'는 '이었다'가 맞습니다…."

그 순간 얼굴이 화끈거렸다. 책을 확인하니 정말 오타가 있었다. 몇 번이나 검토했다고 생각했는데, 놓친 게 많았다.

그날 밤은 잠을 설쳤다.

'불성실한 작가라고 생각하지 않을까?'

하지만 다음 날, 마음을 고쳐먹었다.

"세심하게 읽어 주서서 감사합니다. 다음 책에서는 더 신중히 검토하겠습니다."

댓글을 남기며 실수는 부끄러운 게 아니라, 감추는 게 부끄러운 일이라는 걸 마음에 새겼다.

첫 작품은 언제나 부족하다. 중요한 건 그 부족함을 인정하고 다음에 더 나아지는 것이다. 첫 책의 목적은 완벽함이 아니라 시작이다.

지금도 가끔 그 책을 다시 펼치면 어설픈 문장들이 보여서 얼굴이 붉어진다. 하지만 그 문장들 속에는 진심이 살아 있다. 서툴지만 용기 냈던 그 마음이 여전히 빛나기에 그 책이 고맙다. 그 책이 있었기에 지금의 내가 있다.

첫 책 이후, 나는 변했다. '글을 쓰고 싶은 사람'이 아니라 '글을 쓰는 사람'이 되었고, '언젠가 책을 내고 싶은 사람'이 아니라 '책을 낸 사람'이 되었다.

정체성의 변화는 행동을 바꾸었다. 한 번이라도 끝까지 해 봤다는 사실이 다음을 가능하게 했다. 그 책은 미숙했지만, 내 인생에서는 완벽한 출발이었다. 출발은 완벽할 필요가 없다. 많은 사람이 완벽한 출발을 준비하다가 결국 출발하지 못한다. 나는 어설프게나마 출발했고, 그래서 앞으로 나아갈 수 있었다. 그게 전부였다.

부족함은 동력이다. 완벽했다면 더 나아갈 이유가 없었을 것이다. 부족하기에 우리는 성장한다. 세상은 완벽한 글보다 진심이 담긴 글을 기다린다. 독자들이 내 글에서 찾은 건 화려한 문장이 아니라 진실한 내용이고, 나처럼 늦게 시작했지만 포기하지 않은 사람의 이야기였다. 우리의 부족함이, 실수가, 어설픔이 누군가에게는 위로가 되기 때문이다.

첫 책을 낸 그 날, 나는 삶의 새로운 장을 맞이했다. 60세에 작가로서의 첫걸음을 뗐고, 그 출발은 서툴렀기에 더 의미 있었다. 지금도 나는 더 나은 문장을 위해, 더 깊은 이야기를 위해 쓴다. 하지만 첫 책의 그 서툰 진심을 잊지 않는다. 그게 바로 나를 작가로 만들어 준 시작이었다는 것을.

누구에게나 '첫 시작'은 서툴고 부족하다.
부족함은 결점이 아니라 동력이다.
어설펐기 때문에 다시 도전하고 싶고,
실수했기 때문에 더 나아지고 싶은 것이다.
당신의 첫걸음이 완벽하지 않아도 괜찮다.
그것이 당신을 앞으로 이끌 가장 강한 힘이 될 테니까.

07

글을 쓰는 건
삶을 다시 살아 보는 일이다

글을 쓸 수 있는 한 지루하지 않게 살 수 있었기에 감사하다.

글쓰기는 나를 다시 일으키고, 위로하며 기쁘게 만든다.

———————— 이제 누가 물으면 나는 말한다.

"저는 글을 쓰는 사람입니다."

이 말을 자연스럽게 하기까지 오랜 시간이 걸렸다. 처음엔 '작가'라는 말이 어색했다. 내가 감히 그런 타이틀을 써도 되나 망설였다. 하지만 알게 되었다. 글을 쓰는 사람은 꼭 유명하거나 대단할 필요가 없다는 것을. 꾸준히 자기 언어로 세상을 기록한다면, 이미 작가다.

예전엔 누가 "무슨 일 하세요?" 물으면 머뭇거렸다.

"베이비시터 일을 하면서 글도 좀 써요."

그 말이 늘 어색했다. 글을 쓴다고 말하면 괜히 작아지는 기분이었다. 하지만 이제는 망설이지 않는다.

"저는 글을 쓰는 사람입니다."

그 말에 나를 인정하는 힘이 담겨 있다.

글을 쓰면서 가장 크게 달라진 건 나를 더 깊이 들여다보게 된 것이다. 예전의 나는 늘 '해야 할 일'에 쫓겨 살았다. 아이들, 생계, 일… 하루가 지나면 '오늘도 그냥 흘러갔네' 하고 잠들었다. 내 감정이 어떤지 돌아볼 틈도, 용기도 없었다. 하지만 글을 쓰기 시작하며 처음으로 나에게 물었다.

"오늘 나는 어떤 생각을 했지?"

"지금 내 마음은 어디에 있을까?"

처음엔 쉽지 않았지만, 매일 조금씩 쓰면서 나를 알아가게
되었다.

오늘 아침 커피를 마시며 창밖을 봤다.

햇살이 예뻤다. 평온했다.

짧은 문장이었지만, 그 안에 내가 있었다. 또 어떤 날은 이
렇게 썼다.

오늘은 왠지 슬펐다. 이유는 없지만 괜찮다.

슬픔도 내 일부니까.

쓰고 나니 마음이 한결 가벼워졌다. 글은 내 감정을 정리
하고, 무심히 지나가던 하루를 의미 있게 만들었다.

오늘은 뭘 쓸까? 생각하며 하루를 더 주의 깊게 살게 되었
고, 그 덕분에 삶은 깊어졌다.

글쓰기는 삶을 두 번 사는 일이다. 한 번은 경험으로, 또 한 번은 기록으로. 쓰는 동안 우리는 자신을 더 오래, 더 진하게 살아 낸다.

이제 글쓰기는 내 일상이 되었다. 아침 커피처럼 자연스러운 일. 특별한 주제가 없어도, 한두 문장을 쓰는 그 순간만큼은 가장 나답다.

오늘은 별일 없는 하루였다.
하지만 평온한 것도 축복이다.

그 단순한 문장이 내 하루를 감사하게 만든다. 60이 넘어서야 알게 된 기쁨이 있다. 글을 쓰는 기쁨, 나를 표현하는 기쁨, 누군가와 연결되는 기쁨은 젊을 때보다 더 깊고 진한 행복이다. 늦게 찾았다고 아쉬워하지 않는다. 찾았다는 것 자체가 축복이다.

그때 문득 박완서 작가의 문장이 떠올랐다.

"글을 쓸 수 있는 한 지루하지 않게 살 수 있다는 게 감사할 뿐이다."

정말 그 말 그대로다. 글을 쓸 수 있는 한, 나는 지루하지 않고 외롭지 않다. 쓰는 동안 나는 숨을 쉬고, 살아 있다는 감각을 잃지 않는다. 글쓰기는 나를 다시 일으키고, 위로하며 기쁘게 만든다. 글쓰기를 통해 희락을 느끼며, 누군가의 마음과 조용히 이어지고, 서로의 세계를 건넌다. 글을 쓰는 것 이외에 이토록 많은 행복을 주는 일이 또 있을까.

누군가는 운동으로, 누군가는 그림으로 자신을 지킨다. 나는 글로 나를 지킨다. 나이가 들며 잃은 것도 많지만, 글을 통해 되찾은 게 있다. 나 자신, 내 목소리, 내 존재감이다. 글을 쓸 때 내 나이는 문제가 되지 않는다. 단지 느끼고 표현하는 한 사람일 뿐이다. 그 자유로움이 좋다.

사람들은 "이 나이에 뭘 새로 시작해?"라고 말한다. 하지만 나는 안다. 어떤 나이에도 새로운 나를 만날 수 있다. 중요한 건 나이를 세는 게 아니라 살아 있는 느낌을 갖는 것이다. 쓰는 사람은 늘 젊다. 쓰는 사람으로 산다는 건 내 삶을 다시 사랑하게 되는 일이다.

완벽하지 않아도, 평범해도, 내 삶은 내 이야기로 특별하다. 70이 되어도, 80이 되어도, 손이 움직이고 마음이 뛰는 한 계속 쓸 것이다. 쓰는 것은 살아 있음의 증거다. 오늘 쓸 수 있다면 그걸로 충분하다. 그리고 내일도, 모레도, 계속 쓰면 된다.

지금 이 순간, 나는 쓰는 사람으로 살 수 있었기에, 내 이야기를 나눌 수 있어서 행복하다. 이게 바로 쓰는 사람으로 산다는 것의 기쁨이다.

쓰고 싶다면, 지금 바로 한 문장부터 써 보자. 내가 그랬듯이 그 한 문장이 삶을 바꾼다.

2장

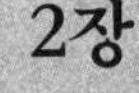

글쓰기로
나를 발견하는 사람

좋은 글을 쓰려면 진심이 필요하다

쓰고 싶은 마음만 있으면
누구나 쓸 자격이 있다

글쓰기는 혼자 하는 일이지만, 결국 함께하는 일이다.

서로의 글을 읽어 주고 응원하는 과정에서 우리는 모두 성장한다.

———————— 처음 책을 쓸 때, 글쓰기가 누군가에게 도움이 될 거라곤 생각하지 못했다. 단지 내 이야기를 남기고 싶었을 뿐이었다. 그런데 점차, 내 이야기를 듣고 책을 써 보고 싶다는 사람들이 생겼다.

"저도 책 한 권 써 보고 싶어요."

"어디서부터 시작해야 할지 모르겠어요."

그 한마디 한 마디가 나에게 새로운 불씨가 됐다.

처음엔 '힐링 글쓰기'라는 이름으로, 자기 삶을 돌아보며 감정을 정리하는 글쓰기를 시도하게 되었다. 많은 사람이 글을 쓰고 싶어 했지만 무엇부터 써야 할지 모르겠다고 했다. 그래서 작은 질문들로 시작했다.

"가장 행복했던 기억은 무엇인가요?"

"가장 힘들었던 순간은 언제였나요?"

이런 질문들을 던지면, 자연스레 글이 흘러나왔다. 그 글들이 모여 한 사람의 삶을 드러내며, 수강생들은 치유를 경험했다. "이 글을 쓰면서 나를 용서하게 되었어요"라는 말을 들었을 때, 나는 글쓰기가 단순한 기록이 아닌 치유의 과정임을 확신했다.

수업이 끝난 후, 나는 그들에게 전자책을 만들어 보자고

제안했다. 처음엔 모두 놀라며 의심도 했지만, 전자책은 종이 책보다 진입 장벽이 낮고, 누구나 만들 수 있었다. 나처럼 독수리 타법을 쓰는 사람도, 컴퓨터에 서툰 사람도 전자책을 완성할 수 있었다.

처음에는 나도 배워 가며 진행했다. 무엇이 도움이 되고, 어디에서 막히는지를 하나씩 파악해 나갔다. 가장 중요한 건 '완성'이었다. 많은 사람이 글을 쓰다 중간에 포기하거나, 완벽하지 않다고 계속 고치기만 한다. 그래서 나는 "일단 끝까지 써 보세요. 완벽하지 않아도 괜찮아요"라고 강조했다. 매주 목표를 세워, 서로 격려하며 '완성'까지 이끌어 냈다.

놀라운 건, 사람마다 쓰고 싶은 이야기가 모두 달랐다. 유년기 추억, 퇴직 후 삶, 여행기, 반려동물 이야기 등 각자의 인생이 담긴 글들이었다. 50대 남성은 알코올 중독에서 벗어난 이야기를, 40대 엄마는 아이를 떠나보낸 슬픔을 썼다. 각자의 이야기에는 "내가 써도 될까요?"라는 질문이 있었다. 그러나 나는 "쓰고 싶은 마음만 있으면 누구나 쓸 자격이 있다"라고 말해 주었다. 전자책 코칭이 입소문을 타면서 점점 더 많은 사람이 찾아왔다.

인생은 예측할 수 없다. 지금 하는 일이 나중에 어떤 모습으로 펼쳐질지 아무도 모른다. 중요한 건 지금 할 수 있는 일을 정성껏 하는 것이다. 그러면 길은 저절로 열린다. 그 후, 종이책 코칭에도 발을 들여놓았다. 전자책을 만든 사람 중 일부는 종이책을 출간하고 싶어 했다. 종이책은 복잡하고 시간이 더 걸리지만, 그만큼 매력적이었다. 손에 쥔 책, 종이를 넘기는 느낌, 서가에 꽂힌 책을 보는 감동은 전자책과는 다른 특별한 경험이었다.

나는 250명의 작가들을 만나면서, 가르치는 것보다 더 많이 배우며 함께 성장했다. 처음에는 내가 누군가의 시작을 돕는 사람이 될 거로 생각하지 못했지만, 지금은 그들이 내 인생의 일부가 되었다. 그들의 이야기와 성공이 내 기쁨이 되었다.

나는 계속해서 새로운 작가들을 만나, 그들의 첫 문장을 듣고 마지막 문장까지 함께하며 책이 완성될 때마다 다시 한번 깨닫는다.

글쓰기는 혼자 하는 일이지만, 결국 함께하는 일이다. 서로의 글을 읽어 주고 응원하는 과정에서 우리는 모두 성장한다. 나는 이제 '혼자' 쓰는 사람이 아니라, '함께' 쓰는 사람으로 거듭났다.

나의 역할은 글을 쓰는 것만이 아니라, 다른 사람들이 자
신의 글을 쓸 수 있도록 돕는 것이다. 그것이 진정한 작가로
서 해야 할 역할이라고 믿는다.

글쓰기는 혼자 하는 일이 아니다.
자신의 이야기를 꺼낼 때
누군가가 손을 잡아 주는 것,
끝까지 쓰도록 옆에서 응원해 주는 것,
완성의 기쁨을 함께 나누는 것.
그 과정에서 우리는 모두 성장한다.
당신의 삶 또한 책이 될 수 있다.
쓰고 싶은 마음만 있다면,
그 순간 이미 새로운 여정이 시작된다.

______

02

책의 소재는 우리가 살아온 삶 속에 이미 있다

누군가의 첫 문장을 돕는 일은 삶을 꺼내는 일이다.

사람들은 글을 쓰며 자신의 인생을 정리하고, 그 안에서 치유된다.

─────── 책을 쓰고 싶다는 사람을 만나면 나는 가장 먼저 묻는다.

"어떤 이야기를 쓰고 싶나요?"

대부분은 미소 짓거나 고개를 저으며 "아직 잘 모르겠어요"라고 말한다. 하지만 나는 그 대답 속에도 이미 많은 이야기가 숨어 있다는 걸 안다. 다만 아직 '문장'의 형태를 갖추지 않았을 뿐이다. 나는 조심스럽게 묻는다.

"요즘 자주 떠오르는 기억이 있나요?"

"마음속에 오래 담아 둔 말이 있나요?"

"누군가에게 전하고 싶은 이야기가 있나요?"

그러면 조금씩 입이 열린다. 단어가 문장이 되고, 문장이 이야기가 된다.

"사실 어릴 때 아버지가 일찍 돌아가셨어요."

그 순간부터 이야기는 멈추지 않는다. 오랜 세월 마음속에 묻어 둔 말들이 흘러나온다. 글쓰기 코칭은 기술을 가르치는 일이 아니다. 마음속 말을 끌어올려 '첫 문장'을 만나게 하는 일이다. 누구나 쓸 이야기를 갖고 있다. 누군가의 질문이 그 이야기를 깨운다.

한 분은 이렇게 썼다.

나는 평생 누군가의 뒤에서만 살았다.

이제는 앞에서 걸어가고 싶다.

그 문장을 읽는 순간 전율이 일었다. 50년 만에 자신을 표현한 첫 문장이었다.

"제가 이런 말을 할 수 있는 사람이었나요?"

그분의 눈에 눈물이 맺혔다.

"원래 그런 분이셨어요. 이제 표현할 수 있게 된 거예요."

책을 기획할 때 나는 오래 듣는다. 대화 속에서 반복되는 단어나 달라지는 눈빛이 책의 소재를 끌어내는 실마리가 된다. 그 순간 "이게 바로 그 사람의 이야기다"라는 것을 알 수 있다.

한 분은 "평범한 인생"이라는 말을 자주 했다. 그러나 이야기를 듣다 보니 전혀 평범하지 않았다. 여섯 남매 중 막내로 태어나 혼자 힘으로 대학을 마치고, 교사가 되어 수많은 아이를 가르치며, 퇴직 후 봉사활동을 이어 가고 있었다.

"이건 평범한 인생이 아니라, 성실하게 살아온 인생이에요. 그게 책의 소재예요."

그분은 놀라며 "그게 책의 소재가 될 수 있어요?"라고 물었다.

"물론이죠. 지금 세상에 꼭 필요한 이야기예요."

책의 소재는 멀리 있지 않다. 우리가 살아온 삶 속에 이미 있다. 가난했던 어린 시절을 쓴 한 분도 처음엔 망설였다.

"이런 이야기를 누가 읽을까요?"

나는 말했다.

"그 시절을 겪은 사람들이 많아요. 그 이야기가 바로 희망이에요."

그는 용기 내어 썼다. 보리밥으로 끼니를 때우던 날들, 새벽부터 밤까지 일하며 공부했던 시간 속엔 절망보다 따뜻함이 있었다.

책이 나온 뒤 독자들은 말했다.

"제게도 그런 시절이 있었어요."

"이 책을 읽으며 울었어요."

그때마다 나는 글쓰기는 마음을 회복하는 일임을 깨닫는다. 글을 쓰는 사람은 변한다.

"내 인생에도 의미가 있었구나."

"내 이야기도 가치가 있구나."

그 깨달음이 삶을 바꾼다. 그래서 나는 재촉하지 않는다.

한 달에 한 페이지를 써도, 한 문장을 쓰는 데 일주일이 걸려도 괜찮다. 중요한 건 멈추지 않는 것이다. 글쓰기에 정해진 속도는 없다. 어제보다 한 문장 더 썼다면, 그걸로 충분하다.

누군가의 첫 문장을 돕는 일은 글쓰기를 도와주는 동시에 삶을 꺼내는 일이다. 사람들은 글을 쓰며 자신의 인생을 정리하고, 그 안에서 치유된다. 나는 책 한 권이 한 사람의 인생을 바꾸는 걸 여러 번 봤다. 끝까지 써 본 경험은 사람을 단단하게 만든다. 그래서 나는 오늘도 새로운 사람들의 첫 문장을 기다린다. 매번 다른 이야기, 다른 감동이 있다.

누군가의 첫 문장을 돕는다는 건, 그 사람의 인생에 불씨를 지피는 일이다. 그 불씨가 빛이 될 때, 나도 함께 빛난다. 이 일이 내가 해야 할 일임을, 매번 새롭게 확신한다. 그래서 나는 이 일이 좋다.

누군가의 첫 문장을 돕는 일은,

그 사람의 삶에서

조용히 빛나는 진짜 이야기를 발견하도록

옆에서 등을 살짝 밀어주는 일이다.

사람들은 "아직 무엇을 써야 할지 모르겠다"라고 말한다.

그러나 이미 그들의 마음속 깊은 곳에

오래 눌러 담은 말이 있고,

아직 문장의 형태를 갖추지 않았을 뿐이다.

"나는 글을 못 써요"라고
하는 사람들에게 해 주고 싶은 말

"나는 못 써"라는 생각이 실제로 못 쓰게 만들고,

"나도 쓸 수 있다"라고 믿는 순간, 방법이 보인다.

──────── 책을 쓰고 싶어 코칭을 받으러 오는 분들이 가장 먼저 하는 말이 있다.

"저는 글을 잘 못 써요."

"어릴 때부터 글쓰기가 제일 어려웠어요."

그 말을 들을 때마다 나는 미소 짓는다. 나도 그렇게 말하던 사람이었기 때문이다. 60세에 글과 처음 마주했을 때, 나는 내가 글을 쓸 수 있는 사람이라고 생각하지 않았다. 독수리 타법으로 한 글자씩 치며 '이런 글을 누가 읽을까?' 하고 자주 좌절했다. 그러나 지금은 안다. 글을 못 쓴다는 건 대부분 착각이라는 것을. 글쓰기의 시작은 재능이 아니라 '지금 내가 무슨 말을 하고 싶은가'를 자신에게 묻는 일이다. 그 마음을 있는 그대로 옮기면 된다. 진심을 담은 글은 반드시 좋은 글이 된다.

글쓰기는 타고난 능력이 아니라 연습이다. 처음부터 잘 쓰지 않아도 괜찮다. 꾸준히 쓰다 보면 반드시 늘게 되어 있다. 대부분은 학교 이후로 글을 써 본 적이 거의 없기에 서툴 뿐이다. 연습하지 않은 일을 잘할 수는 없다. 하지만 매일 한 문장이라도 쓰면 일주일 후엔 서서히 달라지고, 한 달 후엔 확연히 향상된다.

40년 넘게 글을 써온 무라카미 하루키도 "자신에게 글쓰기는 영감이 아니라 훈련이다"라고 말한다. 하루키는 매일 정해진 시간에 책상 앞에 앉아 일정 분량을 쓰는 루틴을 유지해 왔다고 한다. 심지어 달리기나 수영으로 체력을 단련하는 이유도, 긴 호흡으로 글을 쓰는 데 체력이 필요하기 때문이라고 강조한다. 이처럼 세계적인 작가도 매일 같은 시간에 앉아 한 문장씩 쌓아 올린다. 글은 특별한 사람만의 일이 아니라, 반복하면 누구나 할 수 있는 일이라는 증거다. 요즘 필사책이 유행하는 이유도 같은 맥락일 것이다.

글쓰기는 '나'를 만나는 시간이다. 바쁜 일상에서 잊고 지내던 감정과 생각을 글로 써내면, 비로소 나를 마주하게 된다. 오늘의 내가 어떤 사람인지, 무엇을 좋아하고 고민하는지를 기록하면 그것이 세월이 지나 나를 비춰 주는 거울이 된다.

글쓰기는 또한 치유다. 힘든 감정을 글로 옮기면 정리가 되고, 표현하는 것만으로도 위로가 된다. 한 수강생은 처음 이렇게 썼다.

오늘 날씨가 좋았다.

"좋아요. 이제 왜 좋았는지 써 볼까요?"

그는 "햇볕이 따뜻해서 봄이 온 것 같았다"라고 덧붙였다. 이처럼 문장을 하나씩 보태다 보면 어느새 한 단락이 된다. 때로는 "글을 못 쓴다"라는 사람들이 더 진심 어린 글을 쓴다. 완벽해지려 하지 않기 때문이다.

내 수강생 중에는 명문대 국문학과를 졸업하고 학생들을 가르치는 선생님도 있었다. 그러나 그분은 한 줄의 글도 쓰지 못하고 있었다.

"국문과를 나왔는데, 글을 못 쓰면 어떡하죠?"

너무 많이 배운 사람들이 빠지는 함정이었다. 완벽해야 한다는 압박 때문에 시작하지 못하는 것이다. 하지만 완벽한 글은 없다. 불완전함 속에 진실이 있고, 사람 냄새가 있다.

나는 그분에게 물었다.

"왜 책을 쓰고 싶으세요?"

그는 잠시 생각하다 "아이들에게 글쓰기가 즐겁다는 걸 보여 주고 싶어요"라고 말했다.

"그렇다면 선생님이 먼저 보여 주세요. 완벽하지 않아도 괜찮다는 걸."

그날 이후 그분은 달라졌다. 힘을 빼고 진심을 담아 쓰게 되면서, 결국 자신의 책을 완성했다.

"선생님도 글쓰기가 어려웠다니 위로가 돼요."

독자들의 반응이었다. 서툴렀기에 더 진실했고, 그 진심이 사람들의 마음을 움직였다.

나 역시 처음 쓴 글은 어설펐고, 오타도 많았다. 하지만 그 글이 누군가에게 용기를 주었다. 완벽한 글보다 진실한 글이 더 강하다는 걸 그때 알았다. 사람들은 완벽함에 감탄하지만, 진심에는 공감한다. 그 공감이야말로 글의 진짜 힘이다.

그래서 나는 말한다.

"여러분은 글을 못 쓰는 게 아니라, 아직 자신의 문장을 찾는 중이에요."

그 문장은 반드시 찾을 수 있다. 조금 더 쓰고, 조금 더 기다리면 된다. 글쓰기가 어려운 이유는 능력이 아니라 자신감 때문이다. "나는 못 써"라는 생각이 실제로 못 쓰게 만든다. 반대로 "나도 쓸 수 있다"라고 믿는 순간, 방법이 보인다. 믿음이 글을 만든다.

나는 수많은 사람이 "나는 글을 못 써요"에서 "나도 작가예요"로 바뀌는 모습을 보았다. 그 변화는 하루아침에 일어나지 않지만, 꾸준히 쓰다 보면 반드시 찾아온다. 첫 문장을 쓰고, 또 한 문장을 쓰다 보면 어느새 한 페이지가 되고, 한 권의 책이 된다.

글을 못 쓴다고 생각하는 모든 이에게 말하고 싶다.

"한 문장만 써 보자. 그 한 문장이 다음 문장을 부른다. 글은 못 쓰는 게 아니다. 아직 시작하지 않았을 뿐이다. 나처럼 시작하면, 쓸 수 있다."

나이와 경험이 쌓일수록
더 단단한 브랜드가 된다

시니어 브랜딩은 그냥 나답게 살고, 그걸 꾸준히 보여 주는 일이다.

보이지 않던 존재에서 '보이는 존재'로 변하는 것이다.

──────── 인스타그램을 시작하고 5년이 지난 지금, 사람들은 나를 '인플루언서'라고 부른다. 팔로워가 늘어나고, 메시지가 도착하고, "선생님 덕분에 용기 냈어요"라는 댓글도 달렸다.

하지만 그보다 더 놀라운 건, 그 플랫폼 위에서 '나 자신'을 새롭게 만나게 되었다는 사실이었다.

'인플루언서'라는 말을 처음 들었을 때 나는 웃었다.

'나 같은 사람이 인플루언서라니.'

나는 젊고, 예쁘고, 멋진 사람들만 인플루언서를 하는 것으로 생각했다. 60대 할머니가 무슨 인플루언서인가 싶었다. 그러나 활동을 이어 가다 보니 알게 되었다. 인플루언서의 본질은 나이나 외모가 아니라 영향력이며, 그것은 화려함이 아니라 진정성에서 나온다는 것을.

사실 '브랜딩'이라는 단어는 예전의 나에게 너무 낯선 말이었다. 회사에서나, 젊은 사람들이나 하는 이야기 같았다. 그런데 글을 쓰고, 나를 표현하고, 하루하루의 생각을 공유하다 보니 깨닫게 되었다. 브랜딩은 결국, 내가 누구인지 알고, 그것을 세상에 말할 수 있는 용기라는 것을. 브랜딩이라고 하면 로고를 만들고, 슬로건을 정하고, 이미지를 구축하는 일이라고 생각했다. 하지만 개인의 브랜딩은 그보다 훨씬 단순했다.

'내가 누구인지, 무엇을 좋아하는지, 어떤 가치를 중요하게 여기는지를 꾸준히 보여 주는 것.'

그게 전부였다. 그리고 그것은 시니어에게야말로 더욱 필요한 일이라는 사실을 알게 되었다.

브랜딩은 화려함이 아니라 일관성이다. 매일 나를 표현하고, 내 생각을 나누고, 내 가치를 지키는 것. 그렇게 축적된 것들이 결국 나만의 브랜드를 만든다. 특별해지려고 애쓸 필요가 없다. 그저 꾸준히 나답게 있으면 된다.

나이가 들수록 사회에서 내 역할은 줄어든다. 일도, 관계도, 타이틀도 하나둘씩 사라져 간다. 그런데도 나는 여전히 살아 있고, 느끼고, 생각하고, 나만의 길을 걷고 있다.

젊을 때는 명함이 나를 설명했다. 어느 회사에 다니는지, 무슨 일을 하는지. 그것이 내 정체성이었다. 하지만 베이비시터로 일하다 그마저 줄어들면서 나는 명함 없는 사람이 되었다. 처음에는 나 자신도 헷갈렸다.

'나는 누구지?'

누군가가 나를 소개해 보라고 할 때마다 머뭇거렸다. 그러나 글을 쓰고, SNS를 하며 느꼈다. 나는 명함이 필요 없다. 내가 쓰는 글, 내가 공유하는 생각과 시선, 그것들이 바로 나를 설명하기 때문이다. 브랜딩은 자기소개서와 같다. 한 번 쓰고 끝나는 것이 아니라, 매일 업데이트 되는 자기소개서다.

"나는 이런 사람입니다. 이런 삶을 살고 있어요."

이 진솔한 표현이 사람들을 끌어당긴다. 시니어에게 브랜딩은 선택이 아니라 '존재의 선언'이다. 세상은 우리를 종종 보이지 않는 존재로 만든다. 그러나 우리는 여전히 느끼고, 생각하고, 살아 있다.

"나는 여기 있어요. 나는 아직 끝나지 않았어요."

이 한마디가 브랜딩의 시작이다. 보이지 않는다고 존재하지 않는 게 아니다. 우리가 목소리를 낼 때, 세상은 듣게 된다. 나이 듦은 침묵의 이유가 아니라 더 많은 이야기를 할 자격이다.

그래서 나는 시니어들에게 글쓰기를 권한다. 브랜딩은 자기 자랑이 아니라 자기 회복의 과정이기 때문이다. 자신을 표현하며 우리는 다시 자신감을 얻는다.

"나도 아직 할 수 있구나."

"내 말도 가치가 있구나."

“나도 누군가에게 영향을 줄 수 있구나.”

이런 깨달음이 삶을 바꾼다.

한 수강생은 “나이 들어 무슨 SNS냐”라며 주저했지만, 손바느질 작품을 올리며 인기를 얻었다. 댓글이 달리고, 팔로워가 늘어나자, 작품을 사고 싶다는 메시지도 왔다. 그분은 “이제 저도 뭔가 하는 사람이 된 것 같아요. 제 이름으로도 저를 봐 주세요”라고 말하며 눈물을 흘렸다. 눈물은 슬픔이 아니라 기쁨이었다. 자신감은 성공이 아니라 ‘표현’에서 나온다. 내 목소리를 내는 것만으로도 우리는 강해진다.

브랜딩은 “나는 이렇게 살고 있다”라는 조용하지만 확실한 선언이다. 거창할 필요 없다. 매일 글 한 줄, 사진 한 장이면 충분하다. 그 꾸준함이 나만의 브랜드가 된다. 브랜딩은 누가 만들어 주는 게 아니다. 내 선택과 목소리, 내 방식으로 쌓이는 것이다.

나이는 장애물이 아니다. 오히려 자산이다. 오래 살아온 경험, 깊어진 통찰, 다듬어진 가치관이 우리의 브랜드를 완성한다.

젊은 사람들은 자신이 누구인지 찾고 있지만, 우리는 이미 안다. 무엇이 중요한지, 어떻게 살고 싶은지. 그 확신이 우리의 브랜드를 단단하게 만든다. 시니어의 브랜드는 젊은이의 브랜드보다 강할 수 있다. 우리는 이미 살아 내며 증명했으니까.

나는 지금도 매일 글을 쓰고, 사진을 올리고, 생각을 나눈다. 완벽하지 않아도 괜찮다. 그게 진짜 나니까. 완벽한 척하지 않는 것, 그것도 나의 브랜드다. 시니어 브랜딩은 거창하지 않다. 그냥 나답게 살고, 그걸 꾸준히 보여 주는 일이다. 그 단순한 일이 인생을 바꾼다. 보이지 않던 존재에서 '보이는 존재'로, 잊힌 세대에서 '영향력 있는 세대'로 변하는 것이다.

우리는 아직 끝나지 않았고, 여전히 진행 중이다. 그리고 지금이 바로, 그걸 세상에 보여 줄 때다. 그게 바로 시니어 브랜딩이다.

글쓰기는 나를 보여 주는
가장 정직한 소개서다

매일 글을 쓰며 나는 나를 업데이트한다.

오늘의 생각을 기록하며 살아 있는 이력서를 써 나간다.

그건 멈추지 않는 현재의 증명이다.

──────── 오랫동안 나는 이력서에 쓸 게 별로 없었다. 학벌도 평범했고, 자격증도 없었다. 40대 후반 사업에 실패했고, 그 뒤로는 12년 동안 베이비시터로 일하며 생계를 이어 왔다.

"지금까지 어떤 일을 해 오셨어요?"라는 질문이 늘 두려웠다. 성공한 게 없다는 부끄러움이 마음속에 자리했다.

몇 년 전, 글쓰기 강사 모집 공고를 본 적이 있다.

'나도 할 수 있지 않을까?' 생각했지만, 이력서를 쓰려던 순간 손이 멈췄다. 내세울 만한 경력이 없다는 사실 앞에서 주저앉았고, 결국 지원서 작성을 포기했다. 하지만 글을 쓰기 시작하면서 생각이 완전히 달라졌다. 이력서에 적을 게 없는 삶도 문장으로 기록할 수 있다는 걸 알았다. 하루하루를 버텨 낸 이야기, 후회와 회복, 나이 들어가는 몸과 마음이 글 안에서 의미를 얻었다.

첫 책을 낸 뒤 독자들이 내 이야기에 공감하는 걸 보며 깨달았다. 사람들은 나의 경력이 아니라 '삶'을 읽는다는 것을.

세상은 이력서를 요구하지만, 사람들은 이야기를 원한다. 화려한 경력보다 진실한 삶의 흔적이 더 깊이 가닿는다. 그때 알았다.

'이게 바로 나의 이력서구나.'

글을 통해 나는 나를 '고졸', '베이비시터', '경력 단절'이 아닌 '작가', '코칭 전문가', '인생 후반전을 사는 사람'으로 새롭게 정의하게 되었다. 그 정체성은 남이 써 준 게 아니라, 내가 문장으로 만들어 낸 것이었다. 책을 낸 후 도서관에서 강의 요청이 왔다.

"선생님의 책 쓰기 과정과 그 후의 변화가 듣고 싶습니다."

그때 나는 이력서를 보내지 않았다. 책이 내 이력서였다.

누군가 내 글을 읽고 묻는다.

"어떻게 이런 마음을 알 수 있으세요?"

나는 조용히 웃으며 말한다.

"살아 봤으니까요."

그건 교만이 아니라 사실이다. 실패도, 가난도, 절망도, 다시 일어서는 일도 겪어 봤다. 그 모든 경험이 글 속에 녹아 있다.

경험은 최고의 자격증이다. 직함보다, 학위보다, 자격증보다 강하다. 우리가 살아온 시간이 바로 우리의 자격이다. 글쓰기는 나를 포장하는 도구가 아니라, 나를 있는 그대로 보여 주는 가장 정직한 소개서였다.

이력서는 성공한 일만 쓰지만, 글은 실패와 부끄러움까지 담을 수 있다. 나는 사업 실패와 베이비시터로 일하며 느낀 초라함, 줌 접속에 실패해 울었던 일까지 썼다. 그런 솔직함이 오히려 사람들의 마음을 움직였다.

그 글 덕분에 나는 강의 요청을 받고, 글쓰기 코칭이라는 새로운 일에도 한 걸음 내딛었다. 자격증도, 교육학 학위도 없었지만, 글이 내 능력을 증명했다. 자격은 종이에 적힌 게 아니라 실제로 해낸 것에서 나온다. 그때 알았다. 내 삶의 흔적은 사라진 게 아니라 단지 보여 줄 방법이 없었을 뿐이라는 걸.

살아온 시간은 모두 우리 안에 쌓여 있다. 하지만 꺼내지 않으면 아무도 모른다. 글은 그 흔적을 꺼내는 방법이다. 60년을 살았다면 60년의 이야기가 있다. 그 이야기가 바로 가장 진실한 이력서다.

과거의 직함보다 지금의 생각과 가치가 더 중요하다. 우리의 정체성은 과거가 아니라 현재로 증명된다. 글을 쓴다는 건 '내가 누구인지 다시 써 내려가는 일'이다. 예전엔 남들이 학력과 직업으로 나를 정의했다면, 이제는 내가 내 문장으로 나를 정의한다.

매일 글을 쓰며 나는 나를 업데이트한다. 오늘의 생각, 지금의 가치관을 기록하며 살아 있는 이력서를 써 나간다. 그건 멈추지 않는 현재의 증명이다. 60세에 시작한 글쓰기가 나의 인생 이력서가 되었다. 그리고 그 이력서는 지금도 계속 쓰이고 있다.

우리의 이력서는 아직 완성되지 않았다. 매일 새로운 페이지가 추가된다. 어제의 나와 오늘의 나는 다르다. 그 변화를 기록하는 것, 그게 살아 있는 이력서를 만드는 방법이다. 멈추지 말자. 계속 쓰자. 우리의 이야기는 아직 끝나지 않았다.

삶을 기록한 문장들이야말로 내가 살아온 세월을
가장 정확하게 증명해 주는 '나의 이력서'다.
글은 나를 포장하지 않는 대신 내가 어떤 사람인지,
어떻게 살아왔는지, 무엇을 견뎌 냈는지를
가장 솔직하게 드러내 주었다.
그리고 그 정직함이 새로운 길을 열어 주었다.
글쓰기란 결국, 내 이름으로 다시 쓰는 삶의 소개서였다.

작가로 산다는 건,
끊임없이 배우는 일이다

변화에 열려 있는 사람에게서 새로운 이야기가 태어난다.

멈춘 사람의 글은 반복되고, 움직이는 사람의 글은 진화한다.

─────── 첫 책을 썼을 때, 그건 한 번의 도전이라고 생각했다. 버킷리스트 하나를 체크하는 기분이었다. "이제 나도 책 한 권 냈다"라는 것으로 만족하려 했다.

그런데 막상 책이 나오자 이상했다. 성취감보다 허전함이 더 컸다. '이게 끝인가?' 싶었는데, 오히려 그때부터 뭔가 시작되었다는 생각이 들었다. 독자들의 메시지가 이어졌고, 나는 다시 글을 쓰게 됐다. 그러다 다른 사람들의 글쓰기를 돕게 되었고, 어느새 '작가로 사는 사람'이 되어 있었다.

작가란 유명하거나 전업으로 글을 쓰는 사람만을 뜻하지 않는다. 자신의 이야기를 꾸준히 써 내려가는 사람이 바로 작가다. 나는 베스트셀러 작가가 아니지만, 매일 진심으로 글을 쓴다. 그래서 나는 작가다.

글을 쓰며 알게 되었다. 작가는 끊임없이 자신을 발전시키는 존재라는 걸. 처음엔 그 말이 낯설었다. 하지만 글을 계속 쓰다 보니 이해하게 되었다. 작년의 나와 올해의 나는 다르다. 계속 배우고 변하니까. 그 변화를 글에 담지 못하면 글은 과거에 머문다. 하지만 변화를 담으면 글은 살아난다.

작년의 나에 갇히지 말자. 지금의 나를 쓰자. 글을 쓰기 위해선 세상을 다르게 바라보는 눈, 새로운 질문을 던질 용기가 필요하다. 내가 멈추면, 글도 멈춘다.

작가로 산다는 건 곧 배우는 일이다. 배우고 느끼고, 다시 써 보는 반복 속에서 나는 조금씩 더 나다워졌다. 신형철 문학평론가는 이렇게 말한다.

"사람은 늘 배워야 한다고 생각한다. 그런데 '공부'와 '배움'은 다르다. 비슷한 말처럼 들리지만, 공부는 혼자서 하는 고독한 작업이라는 느낌이 있다면, 배움은 언제나 타인과 함께하는 것이 전제돼 있다."

이 말을 곱씹어 보면, 내가 글을 통해 성장할 수 있었던 이유도 분명해졌다. 글을 쓴다는 건 혼자 책상 앞에 앉는 일이지만, 동시에 독자와 연결되고, 타인의 언어와 삶을 받아들이는 과정이기 때문이다. 결국 글쓰기를 통한 배움은 '혼자 쓰되, 함께 성장하는 일'에 가깝다. 나는 세상과 사람을 이해하기 위해서, 그리고 다시 쓰기 위해서 더 배워야 했다. 65세인 지금도 여전히 새로운 글쓰기 기법, 플랫폼, 젊은 세대의 언어까지 배우고 있다.

"그 나이에 왜 그렇게 배우세요?"라는 질문을 받을 때마다 나는 "작가니까요"라고 말한다.

나이는 배움을 멈출 이유가 아니다. 오히려 더 배워야 할 이유다. 세상은 변하고, 글도 함께 변해야 한다. 배우는 일은 곧 젊음을 유지하는 일이다. 글을 쓴다는 건 과거를 정리하면서 미래를 준비하는 일이다. 과거를 쓰며 이해하고, 용서하고, 정리한다. 또한 미래를 쓰며 꿈꾸고, 다짐하며, 방향을 세운다.

"나는 70세까지 글을 쓸 것이다."

이렇게 쓰면, 정말 그렇게 살게 된다. 글은 인생의 설계도이기 때문이다. 지금의 나는 세상의 변화에 귀 기울인다. 젊은 세대의 언어와 감각에도 자연스럽게 반응한다. '갓생', '워라밸', '가성비' 같은 말들이 처음엔 낯설었지만, 이해하려 노력했다. 독자를 이해하기 위해서다.

"요즘 애들 말은 모르겠다" 대신 "요즘은 이렇게 표현하는구나"라고 받아들였다. 그게 나를 젊게 만든다. 세대 차이는 자연스럽지만, 단절될 필요는 없다. 배우려는 태도가 연결을 만든다.

글은 멈춘 사람에게서 나오지 않는다. 변화에 열려 있는 사람에게서 새로운 이야기가 태어난다. 멈춘 사람의 글은 반복되고, 움직이는 사람의 글은 진화한다. 나는 계속 배우고, 계속 새로워지는 작가가 되고 싶다.

AI를 배웠고, 유튜브의 세계에 발을 들였다. 또 무엇을 배울까? 모른다. 하지만 분명히 배울 것이다. 멈추는 순간 늙는다. 움직이는 한 젊다. 나이는 숫자가 아니라 태도다. 새로운 것에 열려 있고, 계속 배우고 시도하는 것. 그것이 젊음이자 작가의 삶이다.

작가로 산다는 건, 결국 나를 끊임없이 새롭게 만들어 세상과 연결해 가는 일이다. 오늘의 나는 어제보다 조금 더 알고, 조금 더 느끼고, 조금 더 잘 표현한다. 그 작은 변화들이 쌓여 60세의 나와 65세의 나를 다르게 만들었다. 그리고 자신을 발전시키는 일을 멈추지 않을 것이다. 70세가 되어도, 80세가 되어도 나는 계속 배울 것이다. 변화는 두렵지 않다. 오히려 설렌다.

내일의 나는 어떤 글을 쓸까? 그 기대감이 나를 앞으로 나아가게 한다. 작가로 산다는 것은 멈추지 않는 삶을 사는 것이다. 계속 배우고, 성장하고, 새로워지는 그 삶을 사랑한다.

작가로 산다는 건 글만 쓰는 일이 아니다.

어제의 나를 넘어 오늘의 나로 발전시키며

살아가는 일이다.

배우고 느끼며 시야가 넓어질 때,

글 역시 더 깊어지고 단단해진다.

멈추지 않기로 결심한 순간부터,

우리는 이미 작가로 살아가고 있다.

글쓰기는
나를 성장시키는 도구다

꾸준히 쓰다 보면 어느새 완전히 다른 사람이 되어 있다.

더 깊고, 더 단단한 사람, 그것이 쓰는 인생이 주는 선물이다.

―――――― 누구나 한 번쯤은 글을 잘 쓰고 싶다고 생각한다. 내 이야기를 정리하고 싶다거나, 누군가에게 전하고 싶은 말이 있다거나, 책 한 권쯤은 남기고 싶다는 막연한 바람이 있기 때문이다. 그런 마음을 품고 살아가는 사람들은 생각보다 많다. 하지만 대부분은 생각만 하고 시작하지 못한다. 혹은 시작했다가도 중간에 멈춘다. "바쁘다." "재능이 없다." "나중에 하지 뭐." 이런 이유를 대면서. 그러나 진짜 이유는 따로 있다. 글쓰기가 생각보다 어렵기 때문이다.

머릿속에는 분명 말하고 싶은 내용이 있는데, 막상 문장으로 옮기려 하면 막힌다. 첫 문장부터 막막하고, 쓰다 보면 이게 맞는지 자신이 없어지고, 완성해도 남에게 보여 주기 부끄럽다. 많은 사람이 "나는 글쓰기에 맞지 않나 봐"라고 말한다. 하지만 알아야 할 사실이 있다. 글쓰기가 어려운 건 나만이 아니고. 모두에게 어렵다는 것. 처음부터 쉽게 쓰는 사람은 없다는 것이다.

글쓰기는 원래 어렵다. 그게 정상이다. 오히려 너무 쉽게 술술 써진다면 그게 더 이상할 수 있다. 어려움을 느낀다는 건 진지하게 임하고 있다는 증거다. 생각을 제대로 하고 있다는 뜻이다. 그러니 어렵다고 해서 포기하지 말자. 그 어려움은 성장의 신호이기 때문이다.

글쓰기란 단순히 문장을 만드는 기술이 아니다. 그것은 자신을 들여다보는 과정이다. 글을 쓰려면 먼저 생각을 정리해야 한다.

"나는 무엇을 말하고 싶은가?"

"왜 이 이야기를 하려는가?"

"내가 진짜 하고 싶은 말은 무엇인가?"

이런 질문에 답하기 위해서는 자신의 마음 깊숙한 곳을 바라봐야 한다. 평소에는 외면했던 감정, 인정하기 싫었던 생각, 정리되지 않은 기억들과 마주해야 한다. 글쓰기는 때로 고통스럽다. 편안한 일이 아니다. 그러나 바로 그 고통을 통해 성장이 일어난다. 자신을 들여다본 사람은 자신을 이해하게 된다. 이해하면 받아들이고, 받아들이면 변화할 수 있다. 이것이 바로 성장이다.

글을 쓰기 시작하면 삶을 대하는 태도가 달라진다. 이전에는 그냥 지나쳤던 일상의 순간들이 새롭게 보인다. 아침의 커피 한 잔, 창밖의 하늘, 지나가는 사람의 표정까지 모두 글감이 될 수 있다는 사실을 깨닫게 된다. 그러면 삶이 더 풍부해진다. 같은 하루를 살아도 더 많이 보고, 더 깊이 느끼게 된다.

무심코 흘려보냈던 시간이 의미를 갖기 시작한다.

글을 쓰는 사람은 삶을 두 번 산다는 말이 있다. 한 번은 경험하면서, 또 한 번은 그것을 글로 쓰면서. 그 과정에서 삶은 더욱 깊어진다.

글쓰기는 삶을 의미 있게 만든다. 무의미하게 흘러가던 시간이 기록되고, 정리되고, 의미를 갖는다. 글을 쓰는 사람의 하루는 그렇지 않은 사람의 하루보다 더 풍성하다. 같은 시간을 살아도 더 많은 것을 얻는다. 글을 쓰면서 생각이 명확해지고, 감정을 언어로 표현하면서 "아, 내가 이런 마음이었구나"라고 깨닫게 된다. 복잡했던 생각을 풀어내면서 "내가 진짜 원하는 건 이거였구나" 하며 알게 된다.

생각이 명확해지면 말도 명확해진다. 글을 자주 쓰는 사람은 말도 잘한다. 생각을 언어로 표현하는 연습을 계속해 왔기 때문이다. 핵심을 파악하고, 순서대로 설명하고, 적절한 단어를 선택하는 능력이 향상된다.

이렇게 정리된 생각은 행동에도 이어진다. 자신이 무엇을 원하는지 알게 되면 결정이 쉬워지고, 우선순위가 분명해진다. 불필요한 것을 버릴 수 있게 된다. 이 모든 것이 글쓰기를 통해 얻는 성장이다.

글을 쓰는 사람은 타인을 더 잘 이해하게 된다. 자신의 마음을 들여다본 경험이 있는 사람은 다른 사람의 마음도 이해할 수 있게 된다. "왜 저 사람은 저렇게 행동하지?"라고 단순히 판단하는 대신, "저 사람도 나처럼 아픔이 있을 거야"라고 공감한다. 글을 쓰면서 우리는 사람의 마음이 단순하지 않다는 사실을 이해하게 된다. 단순히 좋은 사람, 나쁜 사람으로 나누지 않는다. 모든 사람에게는 각자의 이야기가 있고, 이야기에 이유가 있다는 것을 안다. 이 이해는 관계를 부드럽게 만든다. 가족, 친구, 동료와의 관계가 좋아진다.

글쓰기는 자기 이해에서 타인 이해로 나아간다. 나를 알면 남도 알 수 있다. 내 아픔을 인정하면 남의 아픔도 보인다. 글을 쓰는 사람은 더 넓은 마음을 갖게 된다. 이것이 인격의 성장이다.

글쓰기는 용기를 준다. 자신의 이야기를 세상에 내놓는 건 두렵지만, 그 두려움을 넘어설 때 우리는 단단해진다. 한 번 용기를 낸 사람은 또다시 용기를 낼 수 있다. 글쓰기로 얻은 용기는 삶의 다른 영역으로 번져 간다. 새로운 도전을 하고, 자신의 목소리를 낼 수 있게 된다.

글쓰기는 "나는 여기 있다"라는 조용한 선언이다. 완벽하지 않아도 괜찮다는 걸 배우고, 비판을 견디며, 다시 일어서는 법을 배운다.

또한 글쓰기는 삶의 의미를 찾아준다.

"나는 왜 사는가?"

"내 삶의 의미는 무엇인가?"

그 답을 글 속에서 발견한다. 힘들었던 시간과 실패의 순간도 모두 이야기가 된다. 그 경험들이 지금의 나를 만들었다는 걸 깨닫게 된다.

그리고 내 글이 누군가에게 닿을 때, 더 큰 보람이 찾아온다. "내 이야기가 누군가에게 위로가 되었구나" 이보다 큰 의미는 없다.

쓰는 인생은 단순히 글을 많이 쓰는 것이 아니다. 글을 통해 자신을 발견하고, 배우고, 세상과 연결된다. 어제보다 나은 문장을 쓰고, 더 진실한 생각을 기록하며, 성장해 나가는 여정이다. 글쓰기는 완벽을 향한 싸움이 아니라, 멈추지 않는 배움의 과정이다.

수강생 중 한 분은 매일 아침 10분 일기를 쓰면서 변화를 경험했다는 고백을 들려줬다. 처음에는 회사 스트레스를 적는 것으로 시작했지만, 반복해서 쓰다 보니 왜 힘든지, 무엇이 자신을 지치게 하는지 원인을 보는 눈이 생겼다. 그 결과 감정이 흔들리는 순간에도 자신을 객관적으로 바라볼 수 있게 되었고, 대처하는 방식도 훨씬 성숙해졌다. 글쓰기가 하루의 기록을 넘어, 자신의 성장을 직접 확인하는 도구가 된 것이다.

이처럼 글은 단순한 기록이 아니라 내면을 들여다보며 자신을 이해하게 만드는 과정이다. 쓰는 사람은 자연스럽게 성장한다. 어떤 감정이든 문장으로 옮기는 순간, 그것은 더 이상 '막연한 감정'이 아니라 '이해 가능한 나의 일부'가 되기 때문이다.

글쓰기는 인생을 바꾸는 가장 조용하지만 강력한 방법이다. 꾸준히 쓰다 보면 어느새 완전히 다른 사람이 되어 있다. 더 깊고, 더 단단하고, 더 자유로운 사람, 그것이 쓰는 인생이 주는 선물이다.

쓰는 행위는 결국 '나'를 세상에 드러내는 용기다.

흔들렸던 마음이 단단해지고, 흐릿했던 욕구가

명확해지며, 타인의 마음을 이해하는 폭도 넓어진다.

글을 쓰는 동안 우리는 배우고, 깨어나고, 다시 성장한다.

중요한 건 잘 쓰는 것이 아니라,

쓰면서 조금씩 달라지는 나를 발견하는 일이다.

3장

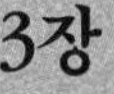

세상과 다시
연결되는 사람

해 보지 않으면
아무것도 일어나지 않는다

인스타그램은 나이가 아니라
'내용'으로 평가받는다

오프라인에서는 나이가 장애물이 될 수 있지만,

온라인에선 아무도 나이를 묻지 않는다. 사람들은 글로만 나를 본다.

──────── 인스타그램과 처음 마주했을 때, 아무것도 몰랐다. 해시태그가 뭔지, 팔로워는 어떻게 생기는지도 이해하지 못했다. 인스타그램을 하게 된 이유는 단 하나, 책 홍보 때문이었다. 첫 책을 출간했지만, 코로나로 북토크나 오프라인 행사를 할 수 없었다. 그냥 묵혀 두기엔 너무 아까웠다. 그래서 온라인 홍보를 해 보기로 했다.

"딸, 인스타그램 계정 좀 만들어 줄래?"

딸은 잠시 망설이다 말했다.

"엄마, 인스타그램은 젊은 사람들이 하는 거라 힘들 수도 있어요."

그 말에 '정말 그럴까?'라는 생각과 함께 묘한 도전심이 생겼다. 결국 딸이 계정을 만들어 주었고, 나는 아무것도 모른 채 그 낯선 세계에 발을 들였다.

앱을 여는 법부터 사진 올리는 법까지, 모든 게 새로웠다. 딸에게 수없이 전화하며 배웠고, 결국 영상통화로 하나씩 따라 했다. 새로운 걸 배우는 일은 늘 어렵다. 하지만 부끄러워하지 않고, 천천히 배우면 된다.

처음 올린 사진은 창밖의 꽃, 아침 커피, 책상 위의 손글씨 같은 일상이었다. 사진은 흔들리고 구도도 어설펐지만, 일단 올렸다. '누가 보겠어' 하는 마음으로. 그런데 한 시간쯤 뒤, '좋아요'와 댓글이 달렸다. "꽃이 예뻐요"라는 그 짧은 문장이 가슴을 울렸다. 누군가 내 이야기를 봐 준다는 사실이 고마웠다.

그 후로 공감과 댓글이 하나둘 늘었다. 가족과 친구를 넘어 낯선 사람들도 찾아왔다. 내 글에 공감하며 팔로우를 눌렀다. 한 달 뒤, 팔로워가 100명이 되었을 때 알게 되었다. '이곳은 시니어에게도 열린 무대구나'라는 것을.

인스타그램은 젊은이들만의 공간이 아니었다. 진심이 있는 사람이라면 누구나 설 수 있는 무대였다. 나이 든 나의 이야기가 오히려 누군가에겐 위로와 용기가 되었다. 어느 날 40대 여성이 메시지를 보냈다.

"선생님 글을 읽으면 제 상황도 괜찮아질 것 같아요. 60세에도 새로 시작할 수 있다는 게 희망이에요."

그때 알았다. 나이는 약점이 아니라 자산이라는 것을. 우리가 견뎌 온 시간과 경험이 누군가에게는 희망이 된다는 것을.

오프라인에서는 나이가 장애물이 될 수 있지만, 온라인에서는 다르다. 아무도 나이를 묻지 않는다. 프로필에 나이를 쓰지 않으면, 사람들은 글로만 나를 본다. 나이가 아니라 '내용'으로 평가받는 세상, 그게 참 자유로웠다.

처음엔 젊은 사람처럼 보이려 애썼다. 트렌디한 사진을 찍고 유행어를 따라 했지만 어색했다. 그러다 '나는 나답게 하면 된다'라고 느꼈다. 화려하지 않아도, 진심이면 충분했다. 오히려 그때부터 반응이 더 좋아졌다. 있는 그대로의 내가 가장 강했다.

지금도 가끔 메시지가 온다.

"선생님 덕분에 인스타그램에 도전했어요."

"저도 늦지 않았다는 걸 알았어요."

70대 할머니는 "손주들에게 내 이야기를 남기고 싶다"라고 했고, 50대 남성은 "명퇴 후 처음 뭔가 해 보겠다는 용기를 얻었다"라고 했다. 그런 메시지를 받을 때마다 인스타그램을 시작하길 정말 잘했다고 생각한다.

디지털 세상은 누구에게나 열려 있다. 나이 제한도, 자격 요건도 없다. 시작하는 순간이 바로 적기다. 지금 내 팔로워는 4만 명이 넘는다.

"엄마, 어떻게 팔로워가 이렇게 많아요?"

딸이 놀라며 묻는다.

"엄마가 진심으로 했잖니."

사실 숫자는 중요하지 않다. 중요한 건 내 글을 읽고 위로 받는 사람들이 있다는 것. 그 덕분에 나는 매일 쓰고, 또 성장한다. 인스타그램은 단순한 홍보 수단이 아니라 내게 새로운 세계이자 두 번째 인생의 무대가 되었다.

지금도 매일 화려하진 않지만, 진심이 담긴 일상의 이야기들을 올린다. 그 진심이 누군가에게 닿을 때마다, 나는 다시 용기를 얻는다.

"딸, 엄마가 증명했어. 인스타그램은 나이와 상관없이, 진심이 있는 사람이라면 누구에게나 열린 무대야."

어색한 첫 사진, 떨리는 마음으로 올린 한 줄의 글,

그리고 낯선 사람에게서 도착한 "예뻐요"라는 짧은 댓글.

그 작은 반응 하나가 새로운 세계의 문을 열었다.

디지털 공간에서는 나이가 걸림돌이 되지 않았다.

사람들은 내 나이를 묻지 않았고,

오직 '내 글'과 '내 마음'으로 나를 만났다.

나이는 약점이 아니라 자산이고,

경험은 누군가에게 힘이 된다.

해시태그보다
마음이 담긴 글이 통한다

해시태그보다 진심이 통하는 건 인생에서도 마찬가지다.

화려한 포장보다 내용이 중요하다.

─────── 나는 젊은 사람들의 인스타그램 게시물을 따라 해 보려 애썼다. 사진에는 해시태그를 잔뜩 붙이고, 유행하는 표현도 써 보고, 짧고 강한 문장을 만들기 위해 애를 썼다. 인스타그램 사용법을 검색하면 모두 비슷한 조언을 해 준다.

"해시태그를 많이 써야 노출이 잘 된다."

"최소 20개는 붙여야 한다."

그래서 나도 열심히 생각나는 대로, 가능한 한 많이 붙여 보았다.

#일상 #소통 #공감 #힐링 #감성 #글쓰기 #책 #작가 #시니어 #60대…

때로는 30개까지 붙인 적도 있었다. 어느 순간, 내 글보다 해시태그가 더 많아 보인다는 생각이 들었다. 그 해시태그들이 정말 내 글과 맞는지도 의문이었다. 무엇보다 그런 글에는 '내 마음'이 들어가지 않았다. 보여 주기 위한 글을 쓰는 일은 나를 금방 지치게 했다. 누군가를 끌어당기기 위해 꾸며 낸 문장은 결국 나 자신을 점점 작아지게 만들었다.

어느 날 글을 쓰다가 문득 생각했다.

'나는 지금 내 이야기를 쓰는 것이 아니라, 사람들이 좋아할 만한 이야기를 쓰려고 하고 있구나.'

예를 들면 '성공하는 사람들의 5가지 습관' '아침을 바꾸면 인생이 바뀐다'와 같은 것이다.

클릭을 유도하는, 자극적이고 매끄러운 문장들이다. 하지만 솔직히 말하면, 나는 성공한 사람도 아니고 완벽한 아침 루틴을 가진 사람도 아니었다. 나답지 않은 글을 쓰는 것이 점점 거짓말처럼 느껴졌다. 진정성은 흉내 낼 수 없다. 다른 사람의 방식을 따라 하면, 어느 순간 나는 사라지고 내 목소리를 잃는다. 아무리 많은 '좋아요'를 받아도 마음이 공허해진다.

어느 날부터는 그냥 내가 하고 싶은 말을 쓰기로 했다. 누구에게 잘 보이기 위한 글이 아니라, 오늘의 나를 담은 말 한 줄, 기억하고 싶은 순간이나 잊고 싶지 않은 감정, 그냥 지나칠 수 없었던 생각들을 써 보기로 했다. 해시태그는 글을 더 많은 사람에게 보여 줄 수는 있지만, 누군가의 마음에 닿는 글은 결국 '진심'에서 나온다. 물론 해시태그가 전혀 쓸모없다는 건 아니다. 적절한 해시태그는 글을 '필요한 사람'에게 연결해 준다. 하지만 해시태그만으로는 부족하다. 해시태그로 찾아온 사람을 머물게 하는 것은 글의 내용이다.

나는 한번 실험을 해 봤다. 하나는 사람들이 좋아할 만한 멋진 문장을 인용해 해시태그를 10개나 붙인 글, 다른 하나는 조금 서툴러도 내 마음을 그대로 적어 내려간 글에 해시태그를 5개만 달았다. 예상대로, 해시태그가 많은 글은 초반 조회수가 높았다. 그런데 시간이 지나자 댓글과 공유는 오히려 진심을 담은 글에서 훨씬 많았다.

그때 깨달았다. 해시태그는 사람을 데려오지만, 사람을 머물게 하는 건 결국 '이야기의 진심'이라는 것을. 잘 다듬은 문장보다 조금 어색해도 솔직한 말이 오래 기억되는 이유도 같다.

어느 날 나는 이렇게 썼다.

오늘 실수했다. 중요한 약속 시간을 잊어버렸다. 나이가 드니 이런 일이 자꾸 생긴다. 창피하고 미안하다.

올리기 직전 망설였다.

'이런 부정적인 글을 올려도 될까?'

'사람들이 나를 무능하다고 생각하지 않을까?'

그것이 오늘의 실제 상황이고 내 마음이기에 올렸다. 그런데 반응이 예상 밖이었다. 댓글이 수십 개 달렸다.

"저도 그래요. 괜찮아요."

"완벽한 사람은 없어요. 선생님도 사람이시잖아요."

"이런 솔직함이 좋아요. 위로가 돼요."

멋있게 다듬은 성공담보다, 서툰 실수담이 더 많은 사람에게 닿았다. 약점을 드러내는 것은 약함이 아니라 용기다. 완벽한 척하는 것보다 솔직한 것이 더 어렵다. 그 솔직함이 사람과 사람을 진짜로 연결한다.

그 후로 나의 인스타그램은 서서히 '나의 온도'를 담는 공간이 되었다. 글쓰기는 기술이 아니라 태도다. 얼마나 잘 쓰느냐보다 중요한 건, 얼마나 진심으로 쓰느냐다. 진심이 담긴 서툰 문장은, 진심 없는 멋진 문장보다 훨씬 강하다.

인스타그램에서 나는 중요한 사실을 배웠다. 보이는 것이 다가 아니라는 것. 보이지 않는 마음이 더 멀리 가닿는다는 것. 팔로워 수, '좋아요' 수, 조회 수, 이런 눈에 보이는 숫자들이 중요해 보이지만, 정말 소중한 것은 숫자로 측정되지 않는다.

누군가의 하루를 조금 더 견딜 수 있게 해 준 글, 누군가에게 작은 위로가 된 문장. 누군가의 마음에 오래 남은 한 줄. 그것들이야말로 진짜 가치 있다.

1년 후, 한 팔로워가 메시지를 보내왔다.

"작년 이맘때 선생님 글을 읽고 많이 울었어요. 그때 정말 힘들었는데, 그 글이 저를 붙잡아 줬어요. 이제는 많이 좋아졌어요. 감사드리고 싶어서 메시지 드립니다."

나는 그 글을 기억하지 못했다. 하지만 그 글은 그 사람에게 1년 동안 남아 있었다. 진심은 시간을 견딘다. 유행은 지나가지만, 진실은 남는다. 지금도 나는 해시태그를 쓰지만, 예전처럼 많이 쓰지 않는다. 내 글과 정말 관련 있는 것만, 꼭 필요한 만큼만 사용한다. 대신 글을 쓰는 시간을 더 늘린다. 한 문장 한 문장, 정말 내가 하고 싶은 말인지 확인한다. 그렇게 쓴 글들은 사람들에게 닿는다.

해시태그보다 진심이 통한다는 것은 인스타그램만의 이야기가 아니다. 인생도 마찬가지다. 포장보다 내용이 중요하고, 보이는 것보다 보이지 않는 것이 중요하고, 화려함보다 진실함이 중요하다.

60세에 늦게 인스타그램을 배웠지만, 배우길 잘했다. 진심으로 쓰고, 진심으로 살기, 그것이 나의 인스타그램이자, 내 인생의 모토다.

03

화려함보다 솔직함에
마음을 연다

팔로워 4만 명에게 잘 보이려는 마음이 아니라,

그들 앞에서 나다운 모습을 지켜내려는 마음이면 충분하다.

─────── 팔로워가 하나둘 늘어날 때마다 신기하고 조심
스러웠다. "내가 무슨 대단한 사람이라고…" 처음엔 '인플루
언서'란 말도 어색했다. 나는 그저 내 생각을 기록하는 평범
한 사람일 뿐이었다.

100명, 500명, 1,000명으로 늘어날수록 놀라웠다. 하지만
댓글과 메시지를 주고받으며 알게 되었다. SNS는 숫자의 세
계가 아니라, 사람과 사람을 잇는 연결의 자리라는 걸. 중요
한 건 팔로워 수가 아니라, 그 숫자 뒤의 '사람들'이었다.

SNS는 숫자 게임이 아니다. 팔로워가 많다고 성공한 것도,
적다고 실패한 것도 아니다. 진심으로 소통하는가, 그게 본질
이다. 10명과 깊이 연결되는 것이 1,000명과 피상적으로 연
결되는 것보다 낫다.

하지만 팔로워가 1만, 2만이 되자 부담이 커졌다. 더 잘 보
여야 할 것 같았다. 다른 계정을 보며 나도 저렇게 해야 하나
고민했다. 그래서 예쁜 사진을 찍고 감각적인 문구를 써 보았
지만, 글이 손에 잡히지 않았다. 내 이야기가 아닌 것 같았다.
'사람들이 좋아할까?'를 고민하다가 점점 지쳐갔다.

결국 다시 돌아간 건 '그냥 나답게'라는 처음의 마음이었
다. 예쁜 사진보다 내 일상의 사진, 멋진 문장보다 솔직한 생

각을 공유하기로 했다. 나는 왜 인스타그램을 시작했을까? 멋있어 보이기 위해서가 아니라, 나처럼 살아가는 사람들과 이야기를 나누고 싶어서였다. 초심을 떠올리자 다시 편안해졌다.

그렇게 진심을 담은 글을 올리자 반응이 달라졌다.

"겉모습보다 마음이 보여서 좋아요."

"선생님 계정은 진짜 같아요."

사람들이 원하는 건 화려함이 아니라 진실, 완벽함이 아니라 솔직함이었다.

어느 날은 이런 글을 올렸다.

베이비시터로 24시간 근무하고, 일주일 만에 잠시 집으로 돌아가는 날. 저녁을 먹고 나왔는데도 배가 고프다. 허기가 진다. 밥으로 채워지지 않는 이 허기를 맥주 한 잔으로 다스린다. 집에 가서 가족에게 힘든 마음을 보이지 않기 위해서…

평범한 사진과 글이었지만 1만 명의 팔로워가 늘어나는 특별한 경험을 했다.

"저도 오늘 그랬어요."

"위로가 돼요."

그때 알았다. '나답게 보여 주는 법'은 잘 보이려는 마음을 내려놓을 때 시작된다는 걸.

우리는 늘 더 멋있게, 더 행복하게 보이려 애쓴다. 하지만 그런 모습은 진짜가 아니다. 진짜는 실수하고 흔들리고 완벽하지 않은 모습이다. 진정성은 완벽함이 아니라 솔직함에서 나온다. 사람들은 화려한 사람이 아니라 진심을 가진 사람에게 마음을 연다.

팔로워 4만이라는 숫자는 이제 자랑이 아니다. 그중 일부라도 내 이야기에 귀 기울여 주는 사람들이 있기에 나는 계속 쓴다. 숫자를 위해서가 아니라 진심 어린 연결을 위해서다. 사진 잘 찍는 법보다, 해시태그보다 중요한 건 내 삶을 '나의 언어'로 기록하는 일이다.

내가 팔로우하는 한 분은 늘 근사한 음식 사진을 올리곤 했는데, 어느 날은 전혀 다른 내용이 올라왔다.

"오늘은 요리를 실패했어요. 사진으로는 도저히 예쁘게 담을 수 없어서 그냥 접어두려 했는데… 실패한 모습도 제 요리의 일부라 생각해서 올려봅니다. 제 마음의 점수는 100점짜리였어요.”

사진은 모양이 흐트러진 파이 한 조각이었다. 평소처럼 완벽하게 꾸민 사진이 아니었다. 그런데 그 게시물의 반응은 예상 밖이었다.

“이런 솔직함이 더 좋네요.”

“저도 요리 실패하면 좌절했는데, 덕분에 용기 생겨요.”

“완벽한 사진보다 이런 현실적인 모습이 더 친근해요.”

그 계정은 그날을 기점으로 ‘현실적인 정성스러운 요리 계정’이라는 새로운 매력을 갖게 됐다. 팔로워도 늘었고, 댓글도 더 따뜻해졌다. 진심이 담긴 한 장의 사진이, 그 사람의 존재감을 더 또렷하게 만든 것이다.

나답게 보여 주는 법은 거창한 기술이 아니다. 꾸미지 않고, 포장하지 않고, 있는 그대로의 나를 보여 주는 것. 그게 전부고, 그것만으로 충분하다.

SNS를 켤 때마다 남들과 비교하게 되고,

보여 주기 위한 삶이 자연스레 흘러 들어온다.

하지만 사람들의 마음을 움직이는 건

화려함이 아니라 '진짜 나'다.

누구나 반짝이는 순간은 짧지만,

진심은 오래 남는다.

나답게 보여 주는 법은 기술이 아니다.

꾸미지 않고, 포장하지 않고,

오늘의 나를 있는 그대로 건네는 용기다.

잘 찍은 사진이 아니라
진실한 메시지로

한 장의 사진보다 진심이 담긴 문장 하나가

더 멀리, 더 깊이 사람들에게 닿는다.

사람들은 화려함에 잠시 멈추지만, 진심에 오래 머문다.

──────── 인스타그램은 흔히 '사진의 플랫폼'이라고 말한다. 예쁜 배경, 감성적인 구도, 멋진 색감. '좋아요'를 많이 받는 사진에는 공통으로 그런 요소들이 담겨 있다. 그래서 처음엔 나도 어떻게든 잘 찍어 보려고 애썼다. 밝기를 조정하고 필터를 바꾸고, 젊은 사람들의 피드를 따라 해 보기도 했다.

유명 인플루언서들의 계정을 보며 연구했다. 어떤 각도로 찍는지, 어떤 색감을 쓰는지, 어떤 구도가 인기가 있는지. 그걸 따라 해 보려 했다. 카페에 가면 음료를 받자마자 사진부터 찍었다. 밝기를 조정하며 여러 각도로 찍고, 필터를 이것저것 바꾸고, 한참을 고민했다.

'이게 맞나?'

'이게 예쁜 건가?'

그런데 사진은 그럴듯해 보였어도, 정작 내 마음이 담기지 않았다. 업로드 후에도 만족스럽지 않았다. 남의 스타일을 흉내 낸 것 같아 어색했고, 내 것이 아닌 느낌이었다. 형식을 따라 하는 것은 쉽지만, 그건 나를 잃는 지름길이었다. 남들이 하는 대로 하면 안전해 보이지만, 결국 그 속에서 나는 사라진다. 중요한 것은 남들처럼 하는 것이 아니라 나답게 하는 것이었다.

　그러다 어느 날, 사진보다 '글'에 더 집중해 보기로 했다. 작은 장면 하나에도 그 순간 내가 느꼈던 마음을 짧고 솔직하게 적어 보기로 한 것이다. 사진은 완벽하지 않아도 괜찮았다. 대신 그 사진을 찍은 이유, 그 순간 느꼈던 감정, 그때 떠오른 생각을 정성껏 썼다.

　어느 날 아침, 커피를 마시며 창밖을 보다가 찍은 평범한 사진을 올렸다. 커피잔과 창밖 풍경. 특별할 것 없는 구도와 색감이었다. 하지만 글은 이렇게 적었다.

　오늘 아침은 유난히 고요했다. 혼자 앉아 커피를 마시는 이 시간이 나는 참 좋다. 아무도 내가 필요하지 않은 이 순간, 나는 온전히 나다. 이 평온함이 오늘 하루를 지탱해 줄 것이다.

　그랬더니 반응이 달라졌다. 사진은 평범했지만, 글이 사람들의 마음에 다가갔다. 완벽한 이미지보다 진실한 메시지가 더 강력하다. 사람들은 예쁜 사진을 보고 '좋다'고 생각할 수 있지만, 진심 어린 문장을 읽고 '공감한다'라고 느낀다. '좋다'는 것은 순간이지만, '공감'은 오래 남는다.

우리는 매일 수많은 이미지를 스쳐 지나간다. 스크롤을 내리며 수백, 수천 장의 사진을 보지만, 대부분 기억에 남지 않는다. 예쁘지만, 그뿐이다. 그러나 어떤 글은 스크롤을 멈추게 한다.

'아, 이건 내 이야기 같다.'

'나도 이런 마음이었는데.'

그 순간, 우리는 연결된다. 사진은 눈으로 보는 것이지만, 글은 마음으로 느끼는 것이다. 그리고 사람들이 진짜 원하는 건 느낌, 공감, 연결이다. 인스타그램은 결국 사람과 마음이 오가는 공간이다. 그 공간에서 오래 살아남는 사람은 꾸미는 데 능숙한 사람이 아니라 자기 마음을 잘 꺼낼 줄 아는 사람이다.

수많은 계정이 생겼다가 사라진다. 처음엔 화려하지만, 오래 가지 못한다. 왜일까? 꾸미는 일은 지치기 때문이다. 계속 예쁜 사진을 찍고, 멋진 곳에 가고, 완벽한 모습을 보여 주는 건 불가능하다. 결국 지쳐서 멈추게 된다. 하지만 진심을 나누는 일은 지치지 않는다. 오히려 힘이 된다.

내 마음을 표현하고, 누군가와 연결되는 경험은 에너지를 주기 때문에 계속할 수 있다. 지속할 수 있는 것은 진실한 것이다. 꾸민 것은 오래 가지 못한다. 언젠가는 가면을 벗게 된다. 있는 그대로의 모습은 계속 보여 줄 수 있다. 진심은 고갈되지 않는다.

지금도 나는 사진을 예쁘게 찍으려 노력하지만, 가장 먼저 생각하는 건 여전히 이것이다.

'이 장면에서 내가 정말 말하고 싶은 건 뭘까?'

'이 순간을 왜 남기고 싶은 걸까?'

사진과 영상을 찍기 전에 이 장면을 통해 무엇을 전하고 싶은지 먼저 생각한다. 단순히 예쁘다는 이유가 아니라, 이 순간에 담긴 의미가 무엇인지, 만약 의미가 있다면 사진은 완벽하지 않아도 괜찮다. 그리고 왜 이 장면을 담았는지, 이 순간에 어떤 감정이 있었는지, 무엇을 나누고 싶은지 그 의미를 글로 쓴다.

사진은 문을 여는 장치일 뿐이다. 진짜 연결은 메시지에서 시작된다. 사진이 클릭을 만든다면, 메시지는 공감을 만든다. 사진은 눈길을 끌지만, 메시지는 마음을 움직인다.

한 장의 사진보다 진심이 담긴 문장 하나가 더 멀리, 더 깊이 사람들에게 닿는다. 콘텐츠의 본질은 포장보다 내부의 메시지다. 화려함은 시선을 빌릴 뿐이지만, 진심은 마음의 공간을 차지한다.

특히 시니어에게 이 원칙은 더욱 중요하다. 우리에게는 젊음이나 화려함은 없지만, 대신 진심과 경험과 깊이가 있다. 그것이 우리의 강점이다. 숨기지 말고 드러내자. 예쁜 사진으로 포장하려 하지 말고 나다운 진실한 메시지로 연결하자. 오래 살아온 사람만이 쓸 수 있는 문장, 전할 수 있는 감정이 있다. 그게 우리의 무기다.

가장 인상적인 사진은 기술적으로 완벽한 이미지가 아니라 이야기를 품은 장면과 감정이 스며 있는 순간이다. 그 이야기와 감정은 화면 속 모습이 아니라 글에서 완성된다. 멋진 장비보다 중요한 건 좋은 문장이고, 완벽한 구도보다 중요한 건 솔직한 마음이다.

내가 팔로우 하는 인스타그램에 어떤 사람이 올린 일상의 기록이 있었다. 화려한 풍경이나 특별한 사건도 없었다. 흐릿한 새벽 조명 아래, 운동화를 찍은 평범한 장면이었다. 그런데 그와 함께 적힌 짧은 문장이 사람들의 마음을 멈추게 했다.

오늘도 한 계단 한 계단 힘들게 오른다. 남들은 쉬워 보인다고 말하지만, 내가 버틴 만큼 내 삶은 조금씩 단단해지고 있다.

많은 사람이 이 게시물에 공감했다. '좋아요' 수가 많아서가 아니다. 말이 매끄럽거나 글이 세련돼서도 아니었다. 그 문장에는 포장이 아니라 진심이 담겼기 때문이다.

진짜 기록이 힘을 가지는 이유는 여기에 있다. 잘 찍힌 장면이 이야기를 만드는 것이 아니라, 삶을 통과한 언어가 장면을 살아 있게 만들기 때문이다. 형식이 아무리 갖춰져 있어도 마음이 없다면 금세 잊히지만, 단순한 문장이라도 진심에서 나왔다면 낯선 사람의 삶까지도 위로할 수 있다.

나는 여전히 사진을 잘 찍지 못한다. 구도도 어색하고, 색감도 평범하다. 전문가가 보면 부족한 점이 많을 것이다. 하지만 괜찮다. 내 사진에는 내 마음이 담겨 있기 때문이다. 그것이면 충분하다.

사람들이 내 계정을 찾는 이유는 예쁜 사진이 아니라 진실한 이야기 때문이다. 공감할 수 있는 감정, 위로받을 수 있는 문장 때문이다. 결국 콘텐츠를 결정짓는 건 겉모습이 아니라 담긴 마음이다.

"사진보다 메시지가 더 중요하다. 이미지보다 진심이 더 강하다. 겉모습보다 내면이 더 오래 간다."

이것이 내가 인스타그램을 통해 배운 가장 소중한 교훈이다. 완벽한 사진보다 진실한 메시지로, 화려한 이미지보다 솔직한 감정으로 사람들과 연결된다. 언제나 메시지가 먼저다.

꾸미지 않은 일상이
가장 강력한 브랜드다

내 삶의 방향은 '성장'이고, 내 삶의 온도는 '따뜻함'이다.

나를 다독이고, 남을 응원하고, 세상을 긍정하는 것,

그것이 곧 나의 브랜드다.

──────── 나는 인스타그램 세계에 발을 들였을 때, 보여 줄 만한 것이 없다고 생각했다. 여행도 잘 가지 않고, 예쁜 카페를 다니지도 않았다. 요리도 운동도, 눈에 띄는 취미도 없었다. 그저 소소한 일상만을 기록했을 뿐이었다. 다른 계정들의 화려한 사진을 보면 '나도 저렇게 해야 하나?' 싶었지만, 그것은 내가 살아가는 방식이 아니었다. 해외여행을 자주 가지도 않고, 비싼 레스토랑에 가지도 않는다. 그저 평범한 일상을 산다. 처음엔 '이런 게 무슨 콘텐츠가 될까?' 싶었다. 그런데 의외로 많은 사람이 그런 평범한 이야기들에 반응했다. 그때 알았다. 진짜 공감은 특별함이 아니라 솔직함에서 나온다는 것을.

특별한 삶은 부러움을 갖게 하지만, 평범한 삶은 공감과 위안을 준다. 사람들은 대부분 화려한 순간보다 평범한 일상을 더 많이 살기 때문이다. 평범한 이야기가 오히려 더 많은 사람의 마음에 닿는다. 우리의 일상이야말로 가장 보편적인 언어다.

SNS를 하다 보면 자꾸 '무언가 보여 줘야 한다'라는 마음에 쫓기게 된다. 하지만 오히려 가장 나다운 순간, 꾸미지 않은 일상에서 사람들은 진심을 느낀다. 우리는 늘 '보여 줄 만한 것'을 찾는다. 특별한 일, 멋진 경험, 자랑할 만한 성과. 하지만 그런 일은 자주 일어나지 않는다. 그래서 SNS를 하다 보면 압박감을 느낀다.

'올릴 게 없네.'

'요즘 재미없는 삶을 사는구나.'

하지만 그건 착각이다. 보여 줄 만한 것이 없는 게 아니라, 보여 주는 시선을 모르고 있을 뿐이다. 우리의 일상은 그 자체로 이미 충분한 이야기를 담고 있다. 반복되는 일상에도 아름다움이 있고, 평범한 순간에도 깊이가 있다. 다만 그것을 알아차리고 표현하는 법을 배워야 한다.

나는 아침마다 커피를 마시며 책상 앞에 앉아 창밖을 바라본다. 그리고 그 순간 떠오른 감정을 짧게 글로 적는다.

아침부터 비가 온다. 우산을 쓰고 나가기 싫지만, 비 오는 날의 고요함도 나쁘지 않다. 오늘 같은 날은 집에 머물러도 좋다.

특별한 내용은 아니지만 이런 평범한 문장들이 사람들에게 닿는다. 이런 문장이 닿는 이유는, 누군가 역시 같은 하늘을 보고 같은 마음을 느끼기 때문이다. 또한 내 일상이 그들의 일상과 닮았기 때문이다. 공감은 동질감에서 나온다.

'나만 그런 게 아니구나.'

'이 사람도 나처럼 사는구나.'

이런 마음이 위로를 전한다. 사람들이 진짜 원하는 건 위안이고, 그게 나의 브랜드가 되었다.

'거창하지 않아도 괜찮다'라는 메시지와 '있는 그대로도 충분하다'라는 태도가 사람을 이어 준다. 그렇게 '평범함을 사랑하는 태도'가 내 브랜드가 되었다. 브랜드란 화려한 로고나 전략이 아니라 일관성이다. 내가 어떤 삶을 중요하게 여기는지, 어떤 온도로 살아가는지를 꾸준히 보여 주는 것이다.

많은 사람은 브랜드를 만들기 위해 자신을 과장한다. 실제보다 더 성공한 것처럼, 더 행복한 것처럼, 더 완벽한 것처럼 보이려 한다. 하지만 그런 브랜드는 오래 가지 못한다. 왜냐하면 그것은 진실이 아니기 때문이다. 계속 연기해야 하고, 계속 가면을 써야 한다. 그러다 보면 결국 지쳐 무너진다. 지속할 수 있는 브랜드는 진실에서 나온다. 전문가처럼 꾸밀 필요도 없다. 오늘 내가 진짜로 느낀 것, 지금 살아 있는 감정이면 충분하다.

내 삶의 방향은 '성장'이다. 나이 들어도 계속 배우고, 도전하고, 나아가는 것이다. 내 삶의 온도는 '따뜻함'이다. 나를 다독이고, 남을 응원하고, 세상을 긍정하는 것이다. 이 방향과 온도를 꾸준히 전한다.

억지로 만들려 하지 말자. 그냥 나답게, 일관되게 살자. 그러면 자연스럽게 브랜드가 형성된다. 진짜 나를 계속 보여 주는 것, 그게 가장 강력한 브랜딩 전략이다.

지금 내가 올리는 글과 사진은 전문가의 손을 거친 콘텐츠가 아니다. 완벽하지 않지만 진짜로 살아 있는 모습이다. 그것이면 충분하다. 전문가들은 완벽한 콘텐츠를 만든다. 구도도, 색감도, 메시지도 연출되어 있다. 그런 콘텐츠는 인상적이지만, 진실한 콘텐츠는 공감을 만든다. 감탄은 순간이지만, 공감은 관계를 만든다. 나는 팔로워 수가 아니라, 진짜 연결을 원한다. 그래서 완벽함보다 진실함을 택한다.

일상은 반복된다. 매일 비슷한 아침, 비슷한 하루, 비슷한 저녁. 특별한 일은 자주 일어나지 않는다. 하지만 그 반복 속에도 작은 변화가 있다. 하늘의 색, 커피의 향, 오늘 마음의 결. 그 미세한 차이를 알아차리고 표현하는 것이 일상을 콘텐츠로 만드는 일이다.

나는 특별한 사람이 아니다. 그저 평범한 60대 여성이다. 하지만 나는 내 일상을 사랑한다. 그 사랑을 꾸미지 않고 나누는 것만으로도 누군가에게는 위안이 된다.

4만 명의 팔로워는 화려함을 보고 모인 것이 아니다. 평범함 속에서 서로의 마음을 발견하는 사람들이 모인 것이다. 그래서 나는 앞으로도 특별해지려고 애쓰지 않을 것이다. 그냥 나답게, 평범한 일상을 사랑하는 사람으로 살아갈 것이다. 꾸미지 않은 일상, 그것이 곧 나의 브랜드다.

06

화면 너머의 마음도,
관계도 진짜다

화면 너머에서 나를 응원해 주는 사람들이 있고,

나 역시 그들을 응원한다.

주고받는 마음은 나를 단단하게 한다

──────── 나는 그저 인스타그램을 통해 글을 기록하고 누군가와 마음을 나눌 수 있다면 좋겠다는 생각만 있었다. 솔직히 말하면, 진짜 연결을 기대하지는 않았다. 온라인은 단지 가상의 공간일 뿐이고, 진짜 관계는 오프라인에서만 가능한 것이라 여겼다. 화면 너머의 사람들은 숫자처럼 느껴졌다. 그런데 어느 순간부터 화면 너머에서 사람들의 마음이 전해지기 시작했다.

온라인을 가상의 공간이라고 할 때 가상은 가짜라는 뜻을 담고 있는 말이다. 하지만 온라인에서 느끼는 감정은 가짜가 아니다. 댓글을 읽으며 느끼는 감동, 메시지를 주고받으며 생기는 유대감은 모두 진짜다. 그 감정을 주고받는 상대도 진짜 사람이다. 화면 너머에는 나처럼 기쁨도 느끼고 슬픔도 느끼는 살아 있는 사람이 존재한다.

온라인은 가상공간이 아니라, 다만 물리적으로 만나지 않을 뿐인 진짜 사람들이 모인 공간이다. 감정도 진짜이고, 관계도 진짜다. 온라인을 가볍게 보지 말자. 그 안에도 진심이 있고, 사랑이 있다.

한번은 오프라인 강의에서 어떤 분이 내게 와서 말했다.

"제가 사실 글도 잘 못 쓰고, 온라인 활동도 해 본 적 없는

데, 선생님 글을 보고 처음으로 계정을 만들어 봤어요.”

그분은 60대 초반이었다. 평생 오프라인에서만 생활했고, SNS는 젊은 사람들의 세계로 생각하다가 내 글을 우연히 보고 ‘나도 할 수 있을까?’라는 마음이 들었다고 했다. 그리고 용기를 내어 계정을 만들고, 첫 글을 올렸다고 했다. 손녀가 도와줬지만, 글은 본인이 직접 썼다고 했다. 그 첫 글에 ‘좋아요’가 하나 달렸을 때 얼마나 기뻤는지 모른다고 했다. 그 이야기를 듣는 순간, 울컥했다. 내 글이 누군가에게 용기가 되고 누군가의 첫걸음을 도울 수 있다는 것보다 더 의미 있는 일이 있을까.

그분과는 그 이후로도 메시지를 주고받으며 글쓰기 여정을 함께했다. 온라인에서 만난 인연이 이제는 내게 소중한 친구가 되었다. 처음에는 나를 ‘선생님’이라고 부르며 조심스러워하던 사람이 이제는 편하게 이야기를 나누는 사이가 되었다. 일상의 소소한 이야기도 하고, 가끔은 깊은 고민도 털어놓는다.

실제로 만난 적은 몇 번 되지 않지만, 마음은 어느새 가까워져 있었다. 물리적 거리가 관계의 온도를 결정하지 않는다는 사실을 새삼 느낀다. 관계의 깊이는 만나는 횟수로 결정되지 않는다. 마음을 나누는 진심으로 결정된다.

그 외에도 댓글로 위로를 나누고, DM으로 삶의 이야기를 주고 받으며 서로 응원하는 관계가 생겨났다. 한 분은 남편을 잃고 힘든 시기를 보내고 있었다. 내 글을 읽고 위로가 되었다며 메시지를 보냈고, 나도 답장을 보냈다. 처음에는 짧은 인사였지만, 시간이 흐르며 더 깊은 이야기들을 나누게 되었다. 슬픔과 상실, 그리고 다시 살아가는 일에 대해 오래도록 이야기를 나누었다.

"선생님 덕분에 많이 회복했어요. 이제는 웃을 수 있어요."

메시지를 읽는 순간, 감격이 밀려와, 나는 잠시 그대로 서 있었다. 내가 누군가에게 그런 힘이 될 수 있다는 것은 말할 수 없는 감동이었다.

또 다른 분은 책을 쓰고 싶어 하는 50대의 수강생이었다. 온라인 수업에서 만났는데 처음에는 매우 조심스러워했다.

"제가 책을 쓸 수 있을까요?"

그분은 계속 물었다. 나는 할 수 있다고 말했고, 다른 수강생들도 응원했다. 그분이 조금씩 글을 쓰는 동안 우리는 계속 응원했다. 몇 달 후, 그분이 첫 책을 완성했다. 그리고 우리 모두에게 감사 인사를 전했다. 온라인 수업이 끝난 뒤에도 우리는 소규모 단톡방에서 서로의 근황을 나누고 응원하며 관계를 이어 가고 있다. 온라인에서 만난 사람들이지만, 이제는 서로에게 진짜 친구가 되었다.

어릴 때부터 '친구는 얼굴을 마주하며 시간을 함께 보내는 사람'이라고 배워 왔다. 온라인 친구는 진짜 친구가 아니라는 편견도 있었다. 하지만 이제 나는 확실히 말할 수 있다. 친구의 본질은 만나는 방식을 기준으로 결정되지 않는다. 진심으로 마음을 나누고 서로를 응원한다면 그 관계는 진짜다. 사진 한 장, 글 한 줄, 진심이 담긴 말 한마디면 마음은 충분히 닿는다.

"오늘 힘드셨죠. 괜찮아요. 내일은 조금 더 나을 거예요."

"축하해요. 정말 잘하셨어요."

"저도 그런 경험 있어요. 혼자가 아니에요."

짧은 문장이라도 진심은 반드시 전달된다. 온라인에는 차가움도 있고, 상처도 있고, 악의도 있으니 사람들은 조심하라고 말한다. 그러나 온라인에도 따뜻한 진심을 가진 사람들이 있다. 온라인을 따뜻하게 만드는 건 시스템이 아니라 사람이다. 우리가 진심으로 대한다면, 온라인도 따뜻한 공간이 될 수 있다.

누군가 글을 올리면, 나는 성의 있게 읽는다. 대충 훑지 않고, 마음으로 읽는다. ‘좋아요’ 하나도, 댓글 한 줄도, 진심으로 누르고 남긴다.

“잘 읽었습니다.”

“공감합니다.”

“응원합니다.”

간단한 표현이어도, 그것이 누군가에게는 큰 힘이 된다. 나는 사람을 숫자로 보지 않는다. 팔로워 수나 ‘좋아요’의 개수가 아니라 사람 한 명, 한 명을 본다. 그 사람도 나처럼 기쁨이 있고, 슬픔이 있고, 꿈이 있고, 두려움이 있는 사람이라는 것을 기억한다.

온라인이라 해서 관계의 원칙이 달라지는 것은 아니다. 존중과 진심, 그리고 배려. 이 세 가지만 있다면 온라인에서도 충분히 좋은 관계를 만들 수 있다.

온라인에서 만난 사람 중 일부는 오프라인에서도 만났다. 강의나 모임, 또는 우연한 기회로 처음 만났지만, 전혀 낯설지 않았다. 이미 마음으로 이어져 있었기 때문이다. 만나지 못한 사람들과도 메시지로, 댓글로, 안부 한 줄로 관계는 계속된다.

나는 더 이상 혼자가 아니다. 화면 너머에서 나를 응원해 주는 사람들이 있고, 나 역시 그들을 응원한다. 주고받는 마음이 나를 단단하게 한다. 온라인에서의 따뜻한 연결은 인스타그램이 내게 준 가장 큰 선물이다.

온라인은 가상공간이지만
그곳에서 주고받는 감정은 가짜가 아니다.
글 한 편, 댓글 하나, 메시지 한 줄에도
위로와 격려, 기쁨과 슬픔 등의 감정이 전해진다.
우리는 화면 너머에서 서로에게 의미 있는
존재가 되고, 마음으로 연결될 수 있다.
온라인에서 쌓은 따뜻한 관계가 삶을
풍요롭게 만들어 준다.

07

'디지털 세대'와
친구가 되는 법

나이가 많다고 항상 가르치는 위치에 있을 필요는 없다.

때로는 기꺼이 배우는 사람이 되어도 괜찮다.

오히려 그편이 관계를 가깝게 만든다.

──────── 인스타그램에서 내가 가장 어색하게 느꼈던 건
이 공간을 채우고 있는 젊은 사람들의 '속도'였다. 짧고 빠르
게 올라오는 글, 감각적인 표현, 실시간으로 반응하는 댓글과
스토리의 흐름을 따라가기에 나는 너무 느린 사람이 아닐까
생각했다. 젊은 사람들은 하루에도 몇 번씩 글을 올리고, 스
토리를 수시로 업데이트하며, 댓글도 금방 달았다. 모든 것이
빠르게 움직이고 있었다.

반면 나는 하루에 글 하나 올리는 데도 많은 시간이 필요
했다. 무슨 말을 쓸지, 어떻게 표현할지, 이게 맞는지 여러 번
생각하고 고민한 뒤에야 업로드 버튼을 눌렀다. '내가 너무
느린 건 아닐까?' '이 공간에 나 같은 사람은 어울리지 않는
건 아닐까?' 하는 의문도 들었다. 하지만 글을 올리고, 댓글을
달고, 메시지를 주고받으며 조금씩 알아차렸다. 이들은 속도
가 빠를 뿐, 관심과 진심에 반응하는 마음은 나와 다르지 않
다는 것을.

세대 차이는 속도의 차이가 아니다. 젊은 세대가 빠르고
시니어가 느리다는 건 고정된 이미지일 뿐이다. 사람마다 각
자의 속도가 있다. 그리고 느림에도 분명한 가치가 있다. 깊
이 생각하고 신중하게 표현하는 것 역시 하나의 스타일이다.

내가 조심스럽게 쓴 말 한마디에도 깊은 공감을 보내고, 내가 잘 몰라서 묻는 말에도 따뜻하게 답해 주는 젊은 친구들이 있었다.

한번은 이모티콘 사용법을 몰라서 댓글로 물어본 적이 있다.

"이모티콘은 어떻게 쓰는 건가요?"

부끄럽기도 했지만, 모르는 것을 숨기고 싶지 않았다. 그러자 여러 명이 친절하게 방법을 알려 주었다.

"여기 이 버튼을 누르시면 돼요."

"이렇게 하시면 됩니다."

어떤 친구는 아예 화면 캡처까지 보내 줬다. 그들은 나를 '뒤처진 할머니'로 보지 않았다. 그저 배우려는 사람으로 보았고 기꺼이 도와주었다.

릴스를 처음 올릴 때도 마찬가지였다. 뭐가 뭔지 하나도 몰라서 "릴스는 어떻게 만드는 건가요?" 하고 물었을 때, 한 30대 팔로워가 단계별로 아주 자세하게 설명한 메시지를 보내 주었다. 내가 "감사합니다" 하고 답장을 보내자, 그 친구는 이렇게 말했다.

"천만에요. 저는 기술을 알려드리고, 인생은 선생님께 배워요."

그 말에 마음이 따뜻해졌다. 서로에게서 배울 것이 있는 관계가 바로 진짜 관계가 아닐까. 이후로 나는 이모티콘을 쓰는 법, 릴스를 올리는 법, 글자에 배경을 넣는 법 등을 그들에게 배우게 되었다. 그들은 친절하게 가르쳐 주었고, 나 역시 배우려는 마음을 가지고 열정적으로 임했다.

'나이 들어서 이런 걸 배워서 뭐 해?'라고 생각하지 않았다.

'해 보자. 모르면 물어보자. 실수해도 괜찮아' 이렇게 생각했다.

어느 순간, 나는 '나이 많은 어른'이 아니라 함께 배우고 함께 웃는 친구가 되어 있었다. 처음에는 나를 "선생님"이라고 부르던 젊은 팔로워들이 점점 더 편하게 말을 걸었다. "선생님, 이거 어떻게 생각하세요?"에서 "저 이런 일이 있었는데요, 어떻게 하면 좋을까요?"로 바뀌었다. 그들은 나를 글을 쓰는 사람으로만이 아니라, 인생을 함께 이야기할 수 있는 사람으로 대했다.

진짜 관계는 수직이 아니라 수평이다. 누가 위에 있고 아래에 있는지가 아니라, 서로를 존중하고 배우며 오가는 만남이다. 나이가 많다고 항상 가르치는 위치에 있을 필요는 없다. 때로는 기꺼이 배우는 사람이 되어도 괜찮다. 오히려 그 편이 관계를 가깝게 만든다.

세대 차이는 서로를 이해하려 하지 않을 때 생긴다. 하지만 마음을 열면, 각 세대는 서로에게서 배울 것이 너무나 많다. 젊은 사람들은 트렌드를 알고, 변화의 감각을 갖고 있다. 나는 그들에게서 그런 흐름과 감각을 배운다. 그리고 그들은 나에게서 인내와 깊이, 시간을 견디는 법을 배운다고 말한다.

한번은 어떤 팔로워가 말했다.

"선생님은 제가 온라인에서 만난 첫 번째 시니어 친구예요."

그 말을 들었을 때, 세상이 조금 더 가까워진 느낌이 들었다. 그 친구는 20대 후반, 직장생활을 막 시작한 사람이었다. 부모 세대와는 대화가 잘 안 된다며, 세대 차이를 느낀다고 했다. 하지만 나와는 다르다고 말했다.

"선생님은 제 이야기를 들어 주세요. 비판하지 않고, 훈계하지 않고, 그냥 들어 주세요. 그리고 선생님 경험을 나눠 주시는데, 그게 조언이 아니라 이야기처럼 다가와요."

그 친구와 나는 지금도 책과 영화, 일상과 고민을 나눈다. 나이는 30년 넘게 차이가 나지만, 우리는 친구다. 친구는 나이가 같아야 가까워지는 것이 아니라, 마음이 통할 때 비로소 관계가 깊어진다.

그래서 나는 '디지털 세대'가 나이를 기준으로 나뉘는 표현이라고 생각하지 않는다. 디지털 세대는 태도다. 새로운 것을 배우려는 마음, 변화를 받아들이는 열린 자세, 다른 세대와 소통하려는 의지. 그런 마음을 가진 사람은 누구든 디지털 세대다.

나는 60대지만, 여전히 배우고, 시도하고, 연결한다. 그리고 나는 계속 디지털 세대의 친구로 살아가고 싶다. 나이의 벽이 아니라 마음의 다리로 연결되는 관계 안에서 우리는 서로를 배우고, 응원하고, 함께 성장한다.

4장

무엇이든
할 수 있는 사람

편안함에 머물면 성장하지 못한다

01

AI 유튜브,
나를 멈추지 않게 하는 작은 혁명

AI 유튜브는 단순히 새로운 플랫폼이 아니었다.

나를 계속 움직이게 하는 힘, 나를 멈추지 않게 하는

작은 혁명이었다.

─────AI라는 단어를 처음 들었을 때, 그건 영화 속 이 야기 같았다. 젊은 사람들이나 쓰는 기술, 나와는 상관없는 세계라고 믿었다. 유튜브도 마찬가지였다. 나는 보는 사람이지, 영상을 만드는 사람은 아니라고 생각했다. 카메라, 편집, 촬영 기술이 있어야 한다고 생각했고, 그런 건 전문가의 영역이라 여겼다.

우리는 종종 자신을 먼저 제한한다. 해 보지도 않고 "나는 못 해"라고 단정을 짓는다. 실제로 못하는 것이 아니라, 할 수 있다고 믿지 않는 것이 더 큰 벽이었다. 하지만 글을 쓰고, 인스타그램을 하며 세상과 연결되는 기쁨을 알게 된 후부터 내 안에서도 조금씩 새로운 감각이 자라고 있었다.

"나도 한 번쯤 내 목소리로 세상에 말을 걸어 볼 수 있지 않을까?"

"내 경험을 영상으로 담는다면 또 다른 사람들에게 도움이 될 수 있지 않을까?"

글을 쓰면서 나는 변했다. 할 수 없다고 생각했던 것들을 하나씩 해냈다. 책도 쓰고, SNS도 하고, 코칭도 하게 되었다. 그 경험이 나에게 자신감을 줬다.

'나도 할 수 있구나. 새로운 것도 배울 수 있고, 시도할 수

있구나.'

그 자신감이 나를 다음 단계로 이끌었다. 글 다음은 영상이었다. 글로 전하는 것도 좋지만, 영상으로 전하면 또 다른 느낌일 것 같았다.

그런 생각이 들던 무렵, 'AI 유튜브'라는 키워드를 처음 접했다. 처음엔 반신반의했다.

"내가 직접 찍지 않아도 AI가 대본과 영상을 만들어 준다고?"

AI가 전부 해 준다는 게 신기했지만, 솔직히 말하면 조금 의심스럽기도 했다. 정말 그런 게 가능할까? AI가 내 글을 읽어 주고, 영상을 만들어 준다고? 믿기지 않았다. 혹시 사기는 아닐까? 복잡하고 어려운 건 아닐까? 온갖 의심이 들었다. 하지만 동시에 호기심도 생겼다. '정말 그렇다면, 나도 할 수 있지 않을까?'

유튜브를 검색해 봤다. 'AI 유튜브 만들기', 'AI 영상 제작'. 수많은 영상이 나왔다. 젊은 사람들이 쉽게 설명하는 튜토리얼들이었는데, 살펴보니 생각보다 복잡하지 않았다.

'이 정도면 나도 할 수 있을 것 같은데?'

내 마음 한구석에서 자꾸 올라오는 생각은 '이걸 배워 보고 싶다'였다. 두려움과 호기심이 공존했다. 두려움은 '못할 것 같다'라고 속삭였고, 호기심은 '해 보고 싶다'라고 말했다. 둘 중 어느 목소리를 들을 것인가. 나는 호기심을 택했다. 두려움에 굴복하면 거기서 멈추지만, 호기심을 따라가면 성장한다는 걸 알고 있었다. 그래서 도전해 보기로 했다.

처음엔 정말 아무것도 몰랐다. 용어도 어렵고, 화면 구성도 복잡해 보였다. '내가 과연 이걸 해낼 수 있을까' 자신에게 수없이 물었다. 새로운 것은 항상 어렵다. 처음부터 쉬운 건 없다. 중요한 것은 어려움 앞에서 어떻게 반응하느냐다. 포기하느냐, 계속하느냐. 그 선택이 결과를 만든다. 하지만 동시에 이런 마음도 있었다.

'몰라도 괜찮아. 배우면 되잖아.'

이 마음이 나를 지탱했다. 60세에 책을 쓰기 시작할 때도 몰랐다. 인스타그램을 시작할 때도 몰랐다. 줌 사용법도 몰랐다. 하지만 배웠고, 결국 해냈다. 이번에도 마찬가지일 거라고 믿었다. 지금은 모르지만, 배우면 할 수 있다는 믿음이 나를 계속 움직이게 했다. 그래서 천천히, 하나씩 배워 갔다. 튜토리얼 영상을 멈췄다가 재생하고, 따라 해 보고, 안 되면 처음부터 다시 여러 번 돌려 봤다.

처음에는 3일 걸려서 40분짜리 영상을 만들었다. 효율적이지 않았지만, 괜찮았다. 중요한 건 만들었다는 것이고, 해냈다는 것이다. 그 영상을 보며 나는 웃었다.

‘내가 이걸 만들었네.’

완벽하지 않았다. 어색한 부분도 많았다. 하지만 그건 나의 첫 AI 영상이었다. 그 사실이 나를 다시 한번 낯선 세계로 이끌었다. 한 번 해 보니 두 번째는 조금 쉬웠다. 두 번째 영상은 30분 만에, 세 번째는 20분 만에 만들었다. 점점 익숙해지고, 재미있어졌다. 이번엔 어떤 주제로 만들까, 어떤 이미지를 쓸까, 어떤 음악을 넣을까. 고민하는 과정 자체가 즐거웠다.

AI 도구를 사용하면서 나는 새로운 세계를 발견했다. AI가 만들어 주는 이미지와 음성, 배경 음악을 접하며 세상이 이렇게 변했구나 실감했다. 동시에 뿌듯한 생각이 들었다.

‘나도 이 변화 속에 함께하고 있구나. 65세인데도.’

나이는 배움의 장애물이 아니다. 오히려 지금도 성장할 수 있다는 증거가 된다. AI 유튜브는 단순히 새로운 플랫폼이 아니었다. 나를 계속 움직이게 하는 힘, 나를 멈추지 않게 하는 작은 혁명이었다.

60세에 책 쓰기에 도전했을 나는 '표현하는 사람'이라는 새로운 나를 만났다. 65세에 AI 유튜브를 시작하며 나는 배우고, 도전하며, 변화를 두려워하지 않는 또 다른 나를 만났다. 나이는 숫자일 뿐이고, 우리를 젊게 만드는 건 새로운 것을 향해 걸어가는 마음이라는 걸 절실히 느꼈다. AI 유튜브는 아직 시작일 뿐이다.

앞으로 어떤 길이 펼쳐질지 모르지만, 그 미지로 향하는 설렘이 좋다. 왜냐하면 모르면 배우고 어렵다면 천천히 가도 된다는 것을 알게 되었기 때문이다. 그 믿음으로 오늘도 낯선 세계를 향해 한 걸음 더 나아간다.

두려움은 문 앞에 서 있는
문지기일 뿐이다

처음엔 겁났지만, 해 보니 세상이 열렸다.

느려도, 서툴러도 괜찮다. 시작하면 된다.

그러면 세상은 열린다.

───────── AI 유튜브 강의를 듣는 첫 날에, 화면 속 단어들은 모두 낯설었다.

"템플릿, 레퍼런스, 스크립트…"

읽을 수는 있었지만 생경하기만 했다. 창 하나만 잘못 닫아도 작업하던 화면이 사라질까 봐 손끝이 떨렸다.

강사는 빠르게 설명했다.

"여기서 템플릿은 선택하시고, 레퍼런스를 GPT에 입력해서 새로운 스크립트를 만들어 보세요."

나는 무슨 말인지 전혀 이해할 수 없었다. 템플릿은 무엇이고, 레퍼런스는 무엇이며, 스크립트는 또 무엇인가. 한국어로 설명하는데도 외국어처럼 들렸다.

그래서 노트에 단어를 하나씩 적어 가며 들었다. 인터넷에 찾아보니 템플릿은 틀, 레퍼런스는 참고자료, 스크립트는 대본이라는 의미였다. 개념은 천천히 이해됐지만, 이해와 실전은 완전히 다른 문제였다. 머리로는 알겠는데 손이 따라가지 않았다. 무엇을 눌러야 할지 모를 때마다 당황했고, 강사의 화면과 내 화면이 조금씩 다르게 보이면 더 혼란스러웠다.

'내가 이걸 정말 할 수 있을까?'

포기하고 싶은 마음과 끝까지 해 보고 싶은 마음이 내 안에서 계속 싸웠다. 포기하고 싶은 마음은 말했다.

"너무 어려워. 이건 젊은 사람들만 하는 거야. 그만두자."

하지만 다른 목소리도 있었다.

"여기까지 왔는데 그냥 포기할 거야? 조금 더 해 보자. 진짜 못 하겠다는 생각이 들면 그때 그만둬도 돼."

하루는 포기하고 싶다가도, 다음 날에는 또다시 시도해 보고 싶었다. 밤에는 '내일은 그만두자' 하고 잠들었지만, 아침이 되면 다시 '오늘 한 번만 더 해 보자' 하게 되었다.

새로운 도전 앞에서 두려움을 느끼는 건 아주 자연스러운 일이다. 두려움을 느끼지 않는다면, 그건 도전이 아닐 것이다. 두려움은 성장의 신호이고, 내가 안전지대를 벗어났다는 뜻이었다. 성장은 바로 그 지점에서 일어난다.

이상하게도, 그 두려움을 이겨 낸 건 대단한 기술이 아니라 "처음부터 잘할 필요 없다"라는 나 자신에게 건넨 말이었다.

어느 날 밤, 생각했다.

'왜 이렇게 스트레스를 받고 있지? 왜 그렇게 완벽하게 하려고 애쓰지?'

나는 처음부터 잘하려고 했고, 실수하지 않으려고 했으며,

한 번에 완벽하게 해내야 한다고 생각하고 있었다. 처음 하는 일을 완벽하게 해낼 수 있는 사람은 없다. 실수는 당연하고, 서툰 것도 당연하다. 그래서 이렇게 마음을 바꾸었다.

'처음부터 잘할 필요 없어. 서툴러도 괜찮아. 실수해도 괜찮아. 중요한 건 시작해 보는 거야. 완벽하게 해내는 것이 아니라, 일단 하는 거.'

그 순간 숨이 쉬어졌고, 다시 시도할 용기가 생겼다. 처음엔 따라 하기만 해도 힘들었다. 예시대로 한 번, 내 방식대로 또 한 번. 강의를 보고 멈추고, 따라 하고, 다시 보고. 한 단계씩 천천히 진행했다.

이해될 때까지 반복했고, 한 시간짜리 강의를 끝내는 데 하루가 걸려도 괜찮았다. 시간보다 중요한 건 이해였다. 그렇게 조금씩 배워 갔다.

템플릿을 고르는 법, 이미지를 넣는 법, 스크립트를 입력하는 법 등 작은 것 하나를 익힐 때마다 자신감이 조금씩 생기기 시작했다. 마침내, 첫 영상이 완성되었다. 3일이 걸렸지만, 그 영상을 업로드하는 순간 마음 깊은 곳에서 전율이 일었다.

'나도 할 수 있구나.'

첫 영상은 40분짜리였다. AI가 내 글을 읽어 주고, 관련 이미지들이 화면에 나타났다. 완벽하지 않았고, 어색한 부분도 있었지만 중요한 건 내가 직접 만들었다는 사실이었다. 65세의 내가 AI 도구로 유튜브 영상을 만든 것이다. 그 자체가 기적처럼 느껴졌다. 업로드 버튼을 누를 때 손은 떨렸지만, 누르고 난 뒤 기다렸다. 완성하는 것이 완벽보다 중요하다. 완벽을 추구하면 영원히 완성하지 못하게 된다.

일주일 동안 조회 수는 50이었다. 그 50명이 내게는 엄청난 숫자였다. 누군가가 내 영상을 보았고, 댓글을 남겼다. 그 사실만으로 충분히 보람 있었다. 수익은 없었고, 구독자도 적었지만 괜찮았다. 나는 돈 때문에 시작한 것이 아니라, 내 이야기를 나누고 싶었기 때문이다. 그 이야기는 분명 누군가에게 닿았다. 그걸로 충분했다.

시니어에게 AI 유튜브는 오히려 더 큰 기회일지도 모른다. 카메라 앞에 서지 않아도 되고, 복잡한 편집도 필요 없다. 우리는 그저 글을 쓰면 되고, AI가 대신 영상으로 만들어 준다. 우리에겐 시간이 있고, 경험이 있고, 전하고 싶은 진심이 있다. 그건 젊은 세대가 쉽게 흉내 낼 수 없는 우리의 자산이다.

변화를 받아들이는 사람만이 계속 성장할 수 있다. 아직도 새로운 기능을 배울 때 겁이 나고 두렵다. 하지만 이제는 안다. 두려움은 앞으로 나아가는 것을 막는 존재가 아니라, 문 앞에 서 있는 문지기일 뿐이라는 걸. 한 걸음만 내디디면 문은 열린다. 그 문 너머의 세상은 넓고, 생각보다 따뜻했다. 처음엔 겁났지만, 해 보니 세상이 열렸다. 해 보자. 느려도, 서툴러도 괜찮다. 시작하면 된다. 그러면 세상은 열린다.

03

시니어도 무엇이든
할 수 있다

기회의 문은 이미 우리 앞에 열려 있다.

우리가 해야 할 일은, 그 문을 조용히 밀고 들어가는 것이다.

──────── 처음에는 돈을 벌 생각은 없었다. 그저 AI 유튜브가 궁금했고, 배우고 싶었고, 누군가에게 도움이 될 수 있다면 좋겠다는 마음뿐이었다. 수익을 생각해 보지 않은 것은 아니지만, 유튜브로 돈을 버는 일은 유명한 유튜버들, 수십·수백만 구독자를 가진 사람들만의 영역이라고 여겼다. 나 같은 사람은 할 수 없는 일이라고 생각하며 그냥 열심히 배웠다. 어렵지만 재미있었다. 그게 누군가에게 작은 도움이라도 된다면, 그것만으로도 충분히 의미 있는 일이었다. 그런데 영상이 하나둘 쌓이고, 조회 수가 조금씩 오르던 어느 날, 유튜브 수익이 발생했다는 알림이 떴다.

처음엔 믿기지 않았다.

'내가? 수익이?'

알림을 몇 번이고 다시 확인했다. 정말이었다. 유튜브에서 나에게 돈이 들어온다는 것이다. 내 영상을 보고 광고가 재생되고, 그 수익의 일부가 나에게 지급되는 방식. 첫 금액은 많지 않았다. 몇만 원 정도, 커피 몇 잔 값에도 못 미치는 금액이었다. 그러나 나는 그 순간 알았다.

"아, 이건 단순한 돈이 아니구나. 내가 만든 가치에 대한 세상의 반응이구나."

그 돈은 단순한 숫자가 아니었다. 그건 내 콘텐츠의 가치가 증명되었다는 표시였다. 사람들이 내 영상을 보고 있다는 증거, 그리고 내가 유튜버로서 존재를 인정받았다는 확인이었다. 휴대폰을 손에 쥔 채 나는 울컥했다.

65세에 이런 일을 해내다니. 몇 년 전만 해도 상상할 수 없던 일이었다. 가치는 돈으로 환산될 때 객관적으로 인정받는다. 아무리 좋은 콘텐츠라도, 보지 않으면 가치가 드러나지 않는다. 그러나 누군가 시간을 들여 보고, 그로 인해 수익이 발생하면, 그건 분명히 가치를 인정받은 것이다. 수익화는 검증이다.

우리는 나이가 들면 수입이 줄어드는 것이 당연하다고 여긴다. 연금과 저축으로 근근이 살아가야 하고, 새로운 수입원을 만들기는 어렵다고 생각한다. 고용해 주는 곳도 없고, 새로운 사업을 시작하기도 쉽지 않다. 나도 그렇게 생각했다. 베이비시터 일을 그만두면 수입이 없을 거라고. 그런데 AI 유튜브는 그런 생각을 완전히 바꾸어 놓았다.

시니어도 새로운 수입원을 만들 수 있다. 디지털 세상에서는 가능하다. 시니어는 지식을 나누고, 경험을 공유하며, 마음을 전함으로써 디지털 공간에서도 경제적 주체가 될 수 있다. 이 표현이 주는 느낌이 참 좋았다. 나는 더 이상 소비만 하는 존재가 아니라, 생산하고 창조하는 사람이었다. 사람들이 내 영상을 보고 그로 인해 수익이 발생한다는 것은 경제 활동을 하고 있다는 의미다.

이게 얼마나 중요한지는 나이가 들면 안다. 수입이 있다는 것은 단순히 돈이 있다는 의미가 아니다. 그건 사회 구성원으로 살아가며, 여전히 쓸모 있는 사람이라는 자기 믿음과 자기 힘으로 생활을 이어 갈 수 있다는 자신감이다.

내 콘텐츠는 젊은 사람들과는 결이 다르다. 트렌드를 좇기보다는 시간이 지나도 변하지 않는 가치를 담으려 했다. 살아온 이야기, 실패와 회복의 경험, 그리고 배움을 계속 이어 온 기록들이다.

젊은 유튜버들은 빠르다. 트렌드를 재빠르게 포착하고, 짧고 강렬한 콘텐츠로 조회 수를 끌어올린다. 그러나 나는 그렇게 할 수 없고, 하고 싶지도 않았다. 그건 내 방식이 아니었다. 대신 나는 깊이를 추구한다. 시간이 지나도 의미가 남는 이야기, 유행이 지나도 가치가 변하지 않는 경험, 빠르게 소비되지 않고 오래 기억되는 콘텐츠를 만들고자 한다.

유행은 빠르게 오고 또 빠르게 사라진다. 하지만 본질은 변하지 않는다. 유행을 따르는 콘텐츠는 금방 잊히지만, 본질을 담은 콘텐츠는 천천히 퍼지되 오래 남는다. 시니어의 강점은 바로 이 본질을 아는 힘이다.

AI 유튜브의 장점은 제작 과정이 매우 효율적이라는 점이다. AI가 글도 써 주고, 영상을 만들어 주기 때문에 많은 콘텐츠를 단시간에 만들 수 있다. 속도가 빠른 만큼 가벼운 콘텐츠가 양산되기도 한다. 그래서 공감과 진심이 담긴 콘텐츠를 만드는 일이 더욱 중요하다. 비록 즉각적인 큰 반응을 얻지 못하더라도, 꾸준히 조회 수가 쌓이고 꾸준히 수익으로 이어지는 롱테일 효과가 나타난다. 오래 가는 콘텐츠의 힘이다.

처음에는 나도 '나이가 많은데 가능할까?'라는 의문이 들었지만, 지금은 확신한다. 수익화는 젊은 사람들만의 이야기가 아니다. 시니어도 충분히 가능하다. 다만 방식이 다를 뿐이다. 젊은 사람들은 빠르게, 많이, 트렌디하게 가고 시니어는 천천히, 깊게, 본질적으로 간다. 둘 다 옳다. 목표가 다를 뿐이다.

나는 빠르지 않다. 일주일에 3~4개의 영상을 만드는 것도 버겁다. 하지만 괜찮다. 나는 내 속도로 간다. 천천히 가도 쌓이고 오래 간다. 속도보다 방향이 중요하다. 천천히 가더라도 맞는 방향이라면 결국 도착한다. 그게 시니어의 지혜다.

지금은 누구나 콘텐츠를 만들 수 있는 시대다. AI는 문턱을 다시 한번 낮춰 주었다. 시니어에게 이것은 혁명이다. 만약 지금 이 글을 읽는 누군가가 망설이고 있다면, 나는 조용히 그러나 분명하게 말하고 싶다.

"나는 특별한 사람이 아니다. 그저 시작했고, 포기하지 않았을 뿐이다."

시니어도 유튜브로 수익화할 수 있다. 단지 아직 해 보지 않았을 뿐이다. 기회의 문은 이미 우리 앞에 열려 있다. 우리가 해야 할 일은, 그 문을 조용히 밀고 들어가는 것이다.

트렌드를 쫓지 않고
나만의 콘텐츠를 만드는 법

나만의 콘텐츠를 만드는 법은 거창한 게 아니다.

내가 할 수 있고, 좋아하는 일을 꾸준히 하는 것, 그게 전부다.

─────── 유튜브를 시작하고 얼마 지나지 않아, 나는 중요한 질문과 마주했다.

"나는 무엇을 이야기할 것인가?"

처음에는 트렌드를 따라가려 했다. 검색량이 높은 주제와 키워드를 찾아 '돈 버는 법', '성공하는 법', '건강 관리' 같은 내용을 시도했다. 강의에서도 그렇게 가르쳤다.

"트렌드를 분석하고 검색되는 주제로 영상을 제작하세요."

막상 그 주제로 글을 쓰려니 손이 움직이지 않았다. 그건 내 이야기가 아니었기 때문이다. 나는 돈을 많이 번 사람이 아니고, 그 주제들에 대해 말할 자격도 자신도 없었다. 결국 트렌드는 지속되지 않지만, 나의 이야기는 경쟁력이 있다는 것을 깨닫게 되었다. 그래서 자신에게 질문을 던졌다.

"나는 누구인가?"

"무엇을 해 왔는가?"

"나는 무엇을 알고 있는가?"

"나만 할 수 있는 이야기는 무엇인가?"

그 질문에 답하면서 내 삶이 콘텐츠가 될 수 있다는 것을 알았다.

60세에 시작한 책 쓰기, 12년의 베이비시터 경험, 메니에르병을 겪으며 글쓰기로 회복해 온 시간, 250명의 작가를 도운 기록, 4만 팔로워를 만든 경험. 이것이 바로 내 콘텐츠의 재료였다.

그러나 유튜브에서 그것을 어떻게 풀어낼지가 고민이었다. 이미 인스타그램과 블로그에서 나누던 이야기였기 때문이다. 그때 떠오른 것이 '다른 사람들의 이야기'를 담는 방식이었다. 각자의 분야에서 오래 일해 온 사람들의 경험과 지혜를 인터뷰로 전한다면, 내 콘텐츠는 확장될 수 있었다.

그렇게 '지인옥 TV'가 시작되었다. 전문가들의 삶과 철학을 전하는 인터뷰 채널로 '지혜로운 인생의 옥구슬'이라는 의미를 담아 이름을 지었다. 첫 인터뷰는 20년 넘게 반찬가게를 운영한 대표님이었다. 그분의 이야기를 담은 영상이 완성된 순간, 나는 알았다.

"이게 내가 만들고 싶었던 콘텐츠다."

조회 수는 빠르게 오르지 않았지만, 댓글은 진심이었다.

"한 사람의 경험이 이렇게 깊게 전해질 줄 몰랐습니다."

인터뷰이 본인도 말했다.

"제 이야기가 정리되니 제 삶이 더 선명해지네요."

좋은 콘텐츠는 주고받는 사람 모두에게 의미가 있다. 인터뷰이는 자기 삶을 다시 바라보고, 시청자는 배움을 얻고, 나는 그 연결을 만드는 기쁨을 얻는다. 인터뷰를 이어 가면서 나만의 콘텐츠를 만드는 법을 더 분명히 알게 되었다.

인터뷰 채널을 운영하면서 나만의 콘텐츠를 만드는 법에 대해 깨달은 것들이 있다. 나만의 콘텐츠를 만든다는 것은 '새로운 것을 창조한다'는 의미가 아니다. 이미 내 삶 속에 존재하는 것들을 발견하고, 그것을 다른 사람이 이해하기 쉽게 정리해 전달하는 과정이다. 어떤 특별한 능력이 있어야만 가능한 일처럼 보이지만, 사실 콘텐츠의 재료는 늘 우리 안에 있다. 중요한 건 그것을 어떤 방식으로 꺼내고, 어떻게 연결하느냐다.

예를 들어, 어떤 사람은 오랫동안 같은 분야에서 일한 경험이 있다. 그 경험에서 얻은 시행착오, 실패, 통찰은 그 누구도 똑같이 복제할 수 없는 콘텐츠다. 또 어떤 사람은 취미 생활을 꾸준히 해 왔다. 비록 전문가는 아니더라도, 꾸준히 좋아해 온 사람만이 말할 수 있는 진짜 경험이 있다. 콘텐츠는 화려한 지식이 아니라, 내가 실제로 살아 낸 것, 내가 직접 몸으로 겪은 것에서 나온다.

내가 실제로 살아온 경험, 꾸준히 해 온 일. 자연스럽게 잘

하는 방식, 계속 궁금해하는 주제, 그리고 누군가에게 도움이
될 만한 관점이 만나는 지점에서 나에게 맞는 창작 형태가
만들어진다.

나만의 콘텐츠를 만드는 법은 거창한 게 아니다. 내가 할
수 있고, 좋아하고, 의미 있다고 생각하는 것을 꾸준히 하는
것이다. 트렌드를 쫓지 않으면서 내가 만들어 쌓은 콘텐츠가
곧 브랜드가 된다. 남들이 하는 걸 따라 하지 말고, 내가 하고
싶은 방향을 선택하자. 조회 수에 집착하지 말고, 가치에 집
중하자. 그렇게 만든 콘텐츠가 나만의 것이다.

지금 이 글을 읽는 누군가가 콘텐츠를 시작하고 싶지만 망
설이고 있다면 이렇게 말하고 싶다.

- 첫째, 먼저 나를 들여다보라. 내가 무엇을 해 왔는지, 무엇
  을 잘하는지, 무엇에 관심이 있는지. 그 안에 답이 있다.
- 둘째, 작게 시작하라. 거창한 계획을 세우지 말고, 일단 하
  나를 만들어 보라. 완벽하지 않아도 괜찮다. 시작이 중요
  하다.
- 셋째, 세상에 내놓고 피드백을 들어라. 당신이 만든 콘텐츠
  를 세상에 내놓고, 사람들의 반응을 보라. 무엇이 통하는

지, 무엇이 의미 있는지 그걸 통해 배운다.

- 넷째, 꾸준히 계속하라. 한두 개 만들고 그만두지 말고, 계속 만들어라. 꾸준함이 브랜드를 만든다.
- 다섯째, 즐겨라. 즐겁지 않으면 오래 못 한다. 나만의 콘텐츠는 나를 표현하는 것이니, 즐거워야 한다.

나는 '지인옥 TV'를 하며 매일 배우고 자란다. 전문가의 지혜를 듣고, 기술을 익히고, 사람들과 연결되며, 나만의 콘텐츠를 만드는 일은 결국, 나를 풍요롭게 만드는 과정이다. 그리고 이 길은 누구에게나 열려 있다. 나이도 경험도 상관없다. 중요한 건 시작하는 용기와 이어 가는 힘뿐이다.

영상은 나의 경험이
세상과 이어지는 통로다

기술보다 사람, 정보보다 서사,

이것이 시니어 콘텐츠가 가질 수 있는 가장 따뜻한 힘이다.

─────── 글과 영상은 다르다. 이 사실을 깨닫는 데 시간이 필요했다. AI 유튜브에 첫발을 디딜 때만 해도, 나는 단순히 내가 썼던 글을 영상으로 옮기면 된다고 생각했다. 블로그 글, 인스타그램 글을 그대로 넣으면 영상이 완성될 줄 알았다. 하지만 막상 만들어 보니 전혀 달랐다. 글로 읽을 때는 좋았던 문장도 영상에서는 지루했다. 너무 길고, 집중하기 어려웠다.

왜 그럴까? 고민 끝에 알게 되었다. 글과 영상은 소비 방식이 다르다는 것. 글은 독자가 속도를 조절한다. 천천히 읽고, 멈추고, 다시 읽을 수 있다. 독자가 주도권을 가지는 것이다. 반면, 영상은 속도가 정해져 있다. 시청자는 그 흐름을 따라가야 한다. 그래서 영상은 더 짧고, 더 명확하고, 더 리듬감 있게 전달해야 한다.

그 깨달음 이후, 나는 영상을 위한 글쓰기를 새로 배웠다. 같은 이야기도 매체에 맞게 재구성해야 한다는 것을 알게 되었다.

영상을 위한 글쓰기 원칙은 다음과 같다.

- 첫째, 짧게 쓴다. 긴 문장은 듣는 순간 흐려진다. 짧은 문장

을 여러 개로 나누면 리듬이 생긴다.

예) 나는 60세에 책을 쓰기 시작했는데 처음에는 어렵고…
→ 나는 60세에 책을 쓰기 시작했다. 처음엔 정말 어려웠
다. 하지만 포기하지 않았다. 계속했다. 그래서 한 권을 완
성했다.

- 둘째, 구체적으로 쓴다. "힘들었다"보다 "밤새 한 문장을
붙잡고 씨름했다"가 더 생생하다.

- 셋째, 말하듯 쓴다. 영상은 듣는 글이어야 한다. "본인의 경
험을 바탕으로 말씀드리자면"이란 표현보다 "내 경험을
말하자면"이 자연스럽다.

- 넷째, 리듬을 만든다. 짧고 빠른 문장을 이어 가다가, 필요
한 순간 한 문장을 길게 한다. 이 변화가 집중을 만든다.

이 원칙을 적용하면서 내 영상은 더 보기 편해졌고, 시청
시간도 늘었다. 결국 중요한 건 기술이 아니라 소통이었다.

영상을 만들면서 특히 신경 쓴 부분이 '경험의 전달'이었
다. 나는 이론을 말하는 전문가는 아니지만, 경험을 가진 사
람이다. 65년을 살면서 겪은 일들, 느낀 감정들, 배운 교훈들
이 내가 가진 자산이다.

그 경험을 어떻게 효과적으로 전할 것인가?

- 첫째, 스토리로 말한다. "포기하지 마세요"라고 말하기보다 내가 포기하고 싶었던 순간을 이야기한다. 예를 들어, "나이 들어서도 새로운 것을 배울 수 있다"라는 메시지를 전하고 싶다면, 다음과 같이 한다.
"65세에 AI 유튜브를 배울 때 섬네일 만드는 법이 어려워서 한참을 헤맸다. 그래도 다음 날 다시 시도했다. 천천히 배웠고, 결국 영상을 만들 수 있게 되었다."
이렇게 말하면 메시지가 자연스럽게 전달된다.
- 둘째, 감정을 숨기지 않는다. 사실만 말하면 건조하기 때문에 두려움, 떨림, 기쁨까지 함께 전한다.
- 셋째, 완벽한 척하지 않는다. 실수도, 부족함도 그대로 보여 준다. 솔직함이 사람을 연결한다.
- 넷째, 강요하지 않는다. "여러분도 이렇게 하세요"가 아니라 "저는 이렇게 했습니다. 도움이 되길 바랍니다."

경험은 가르침이 아니라 나눔이다. 나는 지금도 배우고 있다. 어떤 구조가 몰입을 만들고, 어떤 장면이 더 와닿는지 계속 실험한다. 완벽할 수는 없지만, 어제보다 나은 오늘을 만드는 것, 그게 목표다.

이 배움의 원칙은 '지인옥 TV'를 만들 때도 똑같이 적용되었다. 영상을 만들며 나는 늘 이렇게 자문했다.

"시청자들이 가장 듣고 싶어 하는 이야기는 무엇일까?"

예를 들어, 요리 기술이나 반찬 만드는 방법을 세세하게 설명하는 대신, 나는 그분의 이야기에 집중했다. 왜 요리를 시작하게 되었는지, 어떻게 20년 넘게 이 일을 이어 올 수 있었는지, 가장 보람 있었던 순간은 언제였는지. 이런 인간적인 서사는 사람들의 마음을 움직인다.

인터뷰를 구성할 때도 그대로 스토리를 엮었다.

"이분은 50대에 우연히 반찬가게를 열었습니다. 처음엔 취미였지만, 어느새 삶의 길이 되었습니다. 20여 년 동안 가게는 성장했고, 사람들의 일상을 따뜻하게 채워 주었지요. 그러던 중 암 투병이라는 큰 고비를 맞았습니다. 하지만 그 모든 시간을 지나며 이분이 가장 보람을 느낀 순간은…"

이렇게 그 사람의 이야기 중심으로 풀어 가면, 영상의 10분이 길게 느껴지지 않는다. 오히려 더 듣고 싶어진다. 기술보다 사람, 정보보다 서사, 이것이 시니어 콘텐츠가 가질 수 있는 가장 따뜻한 힘이라고 믿는다.

영상을 만든다는 건 단순한 콘텐츠 작업이 아니라 내 삶을 기록하고 전하는 일이다. 내가 살아온 시간, 느낀 감정, 얻은 배움들이 영상 속에 남는다. 언젠가 내가 세상에 없더라도, 그 영상은 누군가에게 위로가 되고 용기가 될 것이다. 그래서 이 일은 내게 더없이 소중하다. 영상은 나의 경험이 세상과 이어지는 통로이자, 내가 남길 흔적이다.

06

배우며 벌고,
벌며 배우는 인생

새로운 것을 배우고, 어제의 나보다 오늘의 내가

조금 더 성장했다는 것이 나를 살게 한다.

예전의 배움은 의무였지만, 지금의 배움은 선택이다.

──────── 배움은 늘 두려움과 함께 온다. 특히 나이가 들수록 '내가 이걸 지금 배워서 뭘 할 수 있을까' 하는 생각이 더 앞선다. 새로운 것을 시도하려고 할 때마다 내 안에서 목소리가 속삭인다.

'이 나이에 뭐 하러?'

'배워 봤자 얼마나 쓰겠어?'

'어차피 젊은 사람들만큼 잘하지도 못할 텐데.'

이 목소리는 꽤 강력해서 나를 멈추게 만들고, 시도조차 하지 못하게 한다. 많은 시니어가 바로 이 마음 때문에 배움을 포기한다. 나도 그랬다. AI 유튜브를 시작하기 전까진.

'65세에 이런 걸 배워서 뭐 하나' 하는 생각이 머릿속을 가득 채우고 있었다. 배워 봤자 몇 년이나 쓰겠나, 젊은 사람들처럼 빠르게 할 수 있을까, 그런 회의감이 늘 앞섰다. 그런데 막상 유튜브를 시작하고 보니, 그 걱정이 얼마나 필요 없는 것이었는지 알게 되었다. 배워서 할 수 있는 일은 생각보다 훨씬 많았고, 나이는 전혀 장애물이 아니었다. 오히려 오래 살아온 경험이 콘텐츠를 더욱 풍부하게 만들어 주었다. 천천히 배우는 것도 괜찮았다. 급할 필요가 없었다. 내 속도로 가면 되었으니까.

두려움은 우리를 보호하려는 마음이다. 하지만 때로는 과잉 보호가 된다. 실제 위험보다 두려움이 더 크게 느껴지게 만드는 것이다. 나는 이제 두려움은 느끼되, 그 두려움에 지배되지는 말자고 생각한다. 두려움을 인정하되, 그런데도 시도해 보자고 말한다.

영상 하나를 만들기 위해 나는 매번 작은 배움을 쌓아 갔다. 텍스트를 영상으로 바꾸는 법, 음악을 입히는 법, 흐름을 구성하는 법 등이다. 처음에는 AI 도구 사용법만 알면 될 줄 알았다. 하지만 막상 시작하고 보니 배울 것은 끝이 없었다. 섬네일 만드는 법, 제목 짓는 법, 태그 다는 법, 영상 길이와 목소리 톤 조절하는 법, 전체 구조 잡는 법… 하나하나 모두 배워야 했다. 유튜브에서 튜토리얼을 찾아보고, 따라 해 보고, 실패하고, 다시 시도하고. 그 과정을 수도 없이 반복했다.

처음엔 복잡하고 버거웠지만, 어느 순간 그 과정이 일상이 되어 있었다. 아침에 일어나면 생각한다.

'오늘은 뭘 배워 볼까?'

'어떤 기능을 한번 써 볼까?'

날마다 배움의 연속이다. 그리고 신기하게도, 그게 지루하지 않았다. 오히려 설렌다. 새로운 것을 배운다는 것, 어제의 나보다 오늘의 내가 조금 더 성장했다는 것이 나를 살게 한다. 예전의 배움은 의무였지만, 지금의 배움은 선택이다. 누가 시켜서 하는 것이 아니라, 내가 원해서 하는 배움이라서 즐겁다. 배움에는 나이가 필요 없다. 배우고자 하는 마음만 있으면 된다.

어느 순간, 그 배움에서 수익이 생겼다. 처음 들어온 수익은 크지 않았다. 그러나 그 의미는 컸다.

'내가 만든 것으로 내가 돈을 벌었다'라는 경험은 내게 큰 확신을 가져다주었다. 배우기만 하고 쓰지 못하면 그것은 지식에 머문다. 하지만 배운 것을 실제로 활용하면 능력이 되고, 그것으로 결과를 만들면 자신감이 생긴다.

나는 '배우고 → 써먹고 → 결과를 내고 → 자신감을 얻고 → 다시 배우는 흐름'이란 선순환을 경험했다. 이 순환이 나를 계속 움직이게 했다.

나이가 들면 자신감이 쉽게 줄어든다. 역할이 줄어들고, 할 수 있는 일이 줄어든다고 느끼기 때문이다. 하지만 새로운 것을 배우고, 그것으로 결과를 만들어 내면 생각이 바뀐다.

'나는 아직 늙지 않았구나.'

'나는 아직 가능성이 있구나.'

이런 깨달음이 사람을 다시 일으켜 세운다. 돈보다 더 큰 보상은 바로 이 자기효능감이다.

'나는 여전히 쓸모 있는 사람이다'라는 확신이 삶을 다시 움직이게 한다. 수익은 성장의 흔적일 뿐이다. 정말 중요한 것은 성장 자체다.

지금도 나는 매일 배운다. 어제는 섬네일을 배웠고, 오늘은 새로운 편집 기법을 배웠다. 내일은 또 어떤 것을 배우게 될지 모른다. 하지만 분명한 것은, 계속 배운다면 수익은 자연스럽게 따라온다는 것이다. 순서가 중요하다. 돈을 먼저 목표로 삼으면 배움은 고통이 되지만 배움을 목표로 삼으면 수익은 자연스럽게 따라온다. 배움을 지속할 수 있는 이유는 즐겁기 때문이다. 그래서 이 일은 평생 할 수 있다.

유튜브를 하기 전, 나는 점점 작아지고 있었다. 하지만 유튜브를 시작한 후, 나는 다시 점점 커지고 있다. 할 일이 생기고, 배울 것이 생기고, 목표가 생겼다. 나는 다시 성장하는 사람이 되었다.

나이 듦은 선택이다. 몸은 늙지만, 마음은 우리가 결정한다. 배움을 멈추면 늙는 것이고, 배움을 계속하면 여전히 젊다. 배우며 벌고, 벌며 배우는 것이 내가 발견한 노년의 삶이다. 나는 65세에 이 일이 시작했다. 늦지 않았다. 아니, 딱 좋았다. 오래 살아온 경험이 있어 전할 이야기가 훨씬 많으니까.

나는 앞으로도 계속 배우고, 계속 만들고, 계속 성장할 것이다. 그리고 나는 지금, 그 가능성을 증명하고 있다.

07

무엇이든 해내려는 마음은
늙지 않는다

은퇴는 멈춤이 아니라 새로운 선택이다.

우리는 나이를 선택할 수 없지만

어떻게 나이 들 것인지는 선택할 수 있다.

─────── 새로운 일을 시작할 때마다 사람들은 나이를 걱정했다.

"그 나이에 유튜브를요?"

"이제는 좀 쉬셔야죠."

그 말들 속에는 분명 호의와 염려가 있었다. 하지만 나는 그런 말을 들을수록 오히려 더 해 보고 싶어졌다. 왜 나이가 많으면 새로운 것을 하면 안 될까? 누가 정한 규칙일까? 나는 그 규칙이 마음에 들지 않았다. 그래서 깨고 싶었다. 몸은 예순을 넘었지만, 내 안엔 여전히 배우고 싶은 마음, 해 보고 싶은 호기심, 나만의 방식으로 살고 싶은 욕심이 있었다.

나이는 우리가 살아온 시간의 기록이지, 앞으로 할 수 있는 것의 한계가 아니다. 마음이 젊으면 젊은 것이고, 마음이 늙으면 늙은 것이다. 그 마음이 나를 계속 움직이게 했다.

책을 쓰고, 인스타그램을 시작하고, AI 유튜브에 도전하고, 강의하고, 다시 콘텐츠를 만드는 내 모습에 사람들은 놀랐다. 그러나 나는 당연하다고 생각했다. 하고 싶으니까 하는 것이다. 인스타그램도, AI 유튜브도 마찬가지였다.

"어렵지 않으세요?"라고 묻는 사람들이 많다. 어렵다. 하지만 배우면 된다. 나이가 많다고 배울 수 없는 건 아니다. 느리지만 멈추지 않으면 목적지에 도착한다. 속도는 중요하지 않다. 방향이 중요할 뿐이다. 빠르게 가도 방향이 틀리면 의미가 없다. 느리게 가도 올바른 방향이라면 가야 할 곳에 닿기 때문이다.

나는 시니어도 새로운 것을 충분히 배울 수 있다는 걸 증명하고 싶었다. 많은 사람이 "나는 이제 늙었어"라고 말하며 포기하는 것이 안타까웠다. 나는 지금 '나이'가 한계가 아니라 자산이라는 것을 조금씩 깨닫고 있다. 경험이 많다는 것은, 그만큼 세상을 다양한 각도에서 바라볼 수 있다는 뜻이다. 그리고 그 시선이 새로운 도전을 더 깊고 단단하게 만든다.

여기서 중요한 것은 마음의 상태다. 흔히 '늙지 않는 마음'이라는 표현을 쓰는데, 나는 여기에 조금 다른 말을 붙이고 싶다. 정확히는 '살아 있는 마음'이라고 해야 맞다. 살아 있는 마음은 호기심을 잃지 않는 마음이다.

새로운 것을 보았을 때 "나랑 상관없어" 하고 지나치는 대신 "저게 뭐지?" 하고 한 번쯤 멈춰 보는 마음이다. 길을 걷다 새로 생긴 카페를 봤다고 하자. 어떤 사람은 "집에서 커피 마시면 되지" 하고 지나가지만, 어떤 사람은 "어떤 곳일까?" 하고 문을 열어 본다. 작은 차이지만, 이 작은 선택이 쌓여 인생의 방향을 만든다.

SNS에서 새로운 AI 기술에 관한 글을 볼 때도 마찬가지다. 어떤 사람은 "나는 몰라도 돼" 하고 넘기지만, 어떤 사람은 "이게 뭔지 좀 더 알아볼까?" 하고 검색해 본다. 이 차이가 세상과 연결되어 있느냐, 아니면 단절되어 있느냐를 결정한다. 살아 있는 마음은 이렇게 사소한 호기심과 탐색에서 시작된다. 나이가 들수록 편안함에 머물고 싶어지지만, 그 순간 마음은 천천히 닫히기 시작한다.

새로운 것을 볼 때 "나랑 상관없어"라고 지나치는 대신 "한번 알아볼까?" 하고 다가가는 마음. 그 작은 선택의 차이가 인생의 방향을 바꾼다. 모르는 것을 물어보는 것도 용기다.

나도 영상 편집을 아홉 살 아이에게 배우며 새로운 길을 열어 갔다. 모르는 건 부끄러운 것이 아니라 배움의 출발점이다. 실패해도 괜찮다. 우리는 시험을 보는 것이 아니라 즐기는 중이기 때문이다.

젊은 사람들과 비교할 필요도 없다. 그들은 그들의 속도로, 우리는 우리의 속도로 가는 것이다. 새로운 것을 배우는 과정 자체가 즐겁다면 나이는 문제가 되지 않는다.

60세는 끝이 아니라 새로운 시작이다. 은퇴는 멈춤이 아니라 자유다. 남의 기준이 아니라, 내가 원하는 것을 선택할 수 있다. 우리는 나이를 선택할 수 없다. 하지만 어떻게 나이 들 것인지는 선택할 수 있다.

몸은 늙어도, 마음은 우리가 결정한다. 호기심을 잃지 말고, 배움을 멈추지 말며, 도전을 두려워하지 말고, 즐거움을 찾자. 그 마음이 우리를 앞으로 끌어 줄 것이다. 우리가 꿈꾸는 곳으로, 우리가 되고 싶은 사람으로, 늙지 않는 마음으로 계속 걸어가자.

몸은 늙어도, 마음은 우리가 결정한다.

배우고, 도전하고, 즐길 수 있는 자유는 나이와 상관없다.

호기심을 잃지 말고, 배움을 멈추지 말고,

도전을 두려워하지 말고, 즐거움을 찾자.

늦은 시작은 없다. 중요한 건 마음이다.

5장

배움과 연결로
멈추지 않는 사람

마음속에 경계가 생기면
그 이상을 넘어설 수 없다

01

진짜 트렌디함은
태도에서 나온다

트렌디함은 현재를 살아가려는 사람의 자세다.

나이가 아니라 과거에 머무르지 않고,

변화에 참여하는 태도가 사람을 젊게 만든다.

—————— 예전의 나는 '트렌디하다'라는 말이 스타일이 좋고 유행에 민감한 사람을 가리킨다고 생각했다. 젊은 사람들이 입는 옷, 듣는 음악, 가는 장소, 그런 것들은 나와는 상관없는 세계라고 여겼다. 나이 든 사람이 그것을 따라 하면 어울리지 않는다고도 생각했다.

지금은 다르게 이해한다. 트렌디함은 유행을 좇는 것이 아니라, 변화에 열려 있는 마음이다. 새로운 것에 겁먹지 않는 태도, '한번 해 볼까?' 하는 마음이다. 외모나 스타일이 아니라 세상을 대하는 방식에서 비롯되는 것이다. 이 깨달음은 내 삶을 크게 바꾸어 놓았다. 트렌디함을 외적인 스타일의 문제가 아니 마음가짐과 태도의 문제로 보기 시작하면서, 나 또한 트렌디할 수 있다는 자신감이 생겼다.

유행은 빠르게 변하지만, 태도는 지속된다. 유행을 좇는 일은 끝이 없지만, 변화를 받아들이는 태도는 평생 유지할 수 있다. 진짜 트렌디함은 태도에서 나온다.

나이가 들수록 새로운 것을 시작하는 일은 조심스러워진다. '괜히 했다가 실수하면 어쩌지?' '이제 와 굳이 배울 필요가 있을까?' 이런 생각들이 자꾸 마음을 스친다. 새로운 앱을 설치해야 할 때, 새로운 프로그램을 사용해야 할 때, 새로운 기술을 익혀야 할 때, 해야 하나 말아야 하나 망설여진다. 실수가 두려워지는 것이다.

젊었을 때는 실수해도 괜찮았다. 배우는 과정이라며 넘길 수 있었다. 하지만 나이가 들면 '이 나이에 이것도 못 하나?'라는 시선이 두렵다. 실제로 그런 시선이 존재하지 않더라도 내 안에서 그런 목소리가 생겨난다. 그 목소리는 마음을 무겁게 만들고 익숙한 것만 반복하게 만든다.

어느 순간, 나는 그 틀에서 벗어나고 싶었다. 조금 어설프거나, 조금 늦어도 괜찮다고 생각하게 되었다. 중요한 것은 결과가 아니라 시도하는 마음이라는 것을 인스타그램을 통해 깨달았기 때문이다. 그 깨달음이 나를 자유롭게 했다.

완벽해야 한다는 압박을 내려놓자, 할 수 있는 일이 더 많아졌다. 실패해도 괜찮다. 어설퍼도 괜찮다. 일단 해 보는 것이다. 사람들은 빠르게 변하는 트렌드를 따라가느라 바쁘지만, 나는 나만의 속도로 세상의 흐름에 올라타고 싶었다. 내 방식대로, 내 시간 안에서, 지금 시대를 살아가고 있다는 감각을 느끼고 싶었다.

트렌드를 따라가는 일은 힘들다. 오늘의 유행이 내일은 구식이 된다. 모든 것을 따라잡는 건 불가능하다. 그렇다고 세상의 흐름에서 완전히 벗어나고 싶지도 않았다. 지금 시대를 살아가고 있으니, 지금 시대의 방식을 이해하고 싶었다. 젊은 세대와 소통하고 싶었고, 세상이 어떻게 변하고 있는지 직접 느끼고 싶었다.

나는 선택적으로 참여하기로 했다. 모든 트렌드를 따라가는 것이 아니라, 내게 필요하고 의미 있는 것만 받아들이는 방식이다. 나의 속도대로, 나의 기준대로. 트렌드를 따라가는 것이 아니라 지금 시대에 함께 살아가고 있다는 증거를 남기는 것이 내가 생각하는 트렌디함이다.

트렌디하게 산다는 것은 대단한 전문성을 갖추는 것을 의미하지 않는다. 모든 앱을 사용하거나, 모든 SNS를 운영할 필요도 없다. 최신 기술을 완벽하게 이해할 필요는 더더욱 없다. 그저 세상에 '나도 여기 있다'라고 말할 수 있는 용기면 충분하다.

"나는 여전히 배우며 성장하고 있어요."

이 한 문장이 진짜 트렌디함의 본질이다. SNS에 글을 올리고, 영상을 만들고, 새로운 기술을 배우는 과정에서 나는 매일 조금씩 성장한다. 때로는 실패하고 막히기도 하지만, 그 과정 자체가 즐겁다. 새로운 것을 이해하는 순간의 기쁨, 작

은 성취가 쌓일 때 생기는 자신감 등 이 모든 것이 삶을 풍요
롭게 만든다.

트렌디함은 젊음의 특권이 아니라 현재를 살아가려는 사
람의 자세다. 나이가 아니라 태도가 사람을 젊게 만든다. 나
는 65세지만, 현재를 살고 있다. 과거에 머무르지 않고, 변화
를 환영하고, 배우고, 참여한다. 그래서 나는 지금도 트렌디
하다. 앞으로도 그럴 것이다.

70세가 되어도, 80세가 되어도, 나는 계속 배우고 변화할
것이다. 그게 살아 있는 마음이고, 내가 살고 싶은 삶이다.

"트렌디하다는 건 유행이 아니라 태도다."

이 문장을 마음에 새기며, 나는 나만의 속도로 앞으로 나
아간다.

트렌디함은 새로운 것에 열려 있는 마음,
변화를 두려워하지 않는 태도에서 나온다.
나이와 상관없이, 새로운 기술을 배우고,
다양한 경험을 시도하고, 세상과 소통하려는 마음.
그것이 진짜 트렌디함이다.
나만의 속도로 여전히 배우며 성장하고 있다는 것이
트렌디함의 본질이다.

배움을 계속하는 사람은
언제나 젊다

배움은 식물을 키우는 일과도 닮았다.

햇빛과 물을 주면 어느 날 새싹이 솟아 있는 것처럼,

배움에도 시간이 필요하다.

──────── 60세 이전의 나는 컴퓨터로 문서를 작성하는 것만 간신히 할 줄 알았다. 스마트폰도 전화와 문자 정도만 사용했고, 'AI'라는 단어는 공상과학 속 이야기처럼 들렸다.

'저건 젊은 사람들 세계지, 나는 몰라도 돼.'

모두 낯설고 멀게만 느껴지는 세계라고 생각했다.

그런데도 나는 계속 배워 왔다. 60세에 책을 쓰면서 워드 프로그램을 제대로 익혔고, 인스타그램을 시작하면서 사진 편집을 배웠다. 이제는 AI 도구와 영상 편집, 섬네일 제작까지 하고 있다. 쉽지 않았지만, 배울수록 내 안에서 어떤 감각이 다시 깨어나는 것을 느꼈다. 마치 오랫동안 쉬던 기계에 기름을 치듯, 뇌가 다시 움직이기 시작하는 것 같았다.

뇌는 근육과 같다. 쓰지 않으면 약해지고, 쓰면 강해진다. 나이가 들어도 계속 성장할 수 있는데, 이를 '신경 가소성'이라고 한다. 하지만 나이가 들수록 우리는 변화보다 익숙함을 선택하게 된다. 같은 길, 같은 식당, 같은 대화. 익숙함은 편하지만, 마음을 조금씩 굳게 만든다. 이것이 진짜 '노화'다.

반대로 배우는 사람은 머물지 않는다. "저건 뭐지?" "나도 할 수 있을까?" 하고 질문하고 시도한다. 그 호기심이 삶을 다시 움직이게 한다. 내가 만난 시니어 중 배우려는 사람들의 눈빛은 생기로 가득했다. 질문이 많았고, 말투에 힘이 넘쳤다. 그들은 멈추지 않고 걸어가고 있었다. 반면 "이제 늙었어"라고 말하는 사람들의 눈빛은 흐리고, 움직임도 멈춰 있었다. 그 차이는 나이가 아니라 태도에서 생겼다.

배움의 목표는 완벽함이 아니다. 전문가가 되기 위해 배우는 것이 아니라, 배우는 과정 자체가 삶을 바꾸기 때문이다. '나도 할 수 있다'라고 믿는 순간, 삶은 정체에서 성장으로 방향을 틀기 시작한다.

한 시니어 수강생은 이런 말을 했다.

"젊은 사람들은 뛰어가지만, 나는 걸어가요. 그래도 방향만 같다면 천천히 가도 도착할 수 있겠죠."

그 말에 나는 고개를 끄덕였다. 배움은 경쟁이 아니다. 다른 사람보다 빨리 끝내야 하는 시험도 아니다. 누구도 나에게 마감일을 정해 두지 않았다. 천천히라도 배우면, 결국 할 수 있게 된다.

세상을 향한 시선이 닫혀 있으면 마음도 금방 늙는다. 스무 살이라도 세상에 관심이 없고, 배우고 싶은 것도 없고, 도전하고 싶은 것도 없다면, 그 사람은 늙은 것이다. 반대로 여든 살이라도 세상에 관심 많고, 배우고 싶은 것이 많고, 도전하고 싶은 것이 많다면, 그 사람은 젊은 것이다.

이 점에서 나는 미국의 기업가 헨리 포드의 말에 깊이 공감한다.

"배우기를 멈춘 사람은 스무 살이든 여든 살이든 늙은 것이다. 배우기를 계속하는 사람은 언제나 젊다."

그는 젊음을 나이가 아닌 배우는 태도에서 찾았다. 나이가 많아도 계속 배우려는 사람은 여전히 성장의 방향을 향해 있으며, 반대로 아무리 젊어도 배움을 그만둔 사람은 이미 멈춰버린 삶을 살고 있다는 뜻이다. 결국 젊음은 생물학적 상태가 아니라 배움이 흐르는 마음의 상태라는 메시지다.

젊음은 나이가 아니다 방향이다. 어디를 보고 있느냐가 중요하다. 세상을 향해 열려 있는 사람은 젊다. 호기심을 가지고 세상을 바라보고, 배우려는 자세로 세상과 소통하고, 도전하는 마음으로 세상에 참여한다. 그게 젊음이다.

삶의 방향을 바꾸는 건 어렵지 않다. 고개를 돌리면 된다. 과거가 아닌 현재를 보고, 내부가 아닌 외부를 보고, 닫힌 문이 아닌 열린 창을 보면 된다. 시선을 바꾸는 순간, 삶이 바뀐다. 나는 앞으로도 계속 배우고 싶다. 속도가 느려도 괜찮다. 한 걸음씩, 나만의 리듬으로 배우고 익혀갈 것이다.

나는 이제 배우는 데에는 정해진 속도가 없다는 것을 깨닫는다. 누군가는 빠르게 익히고, 누군가는 천천히 걸음을 내딛는다. 예전에 나는 새로운 기능을 하나 익히는 데 며칠씩 걸린 적도 있었다. 동영상 강의를 반복해서 보고, 따라 했다가 틀리고, 또 돌아가 확인하고. 그 과정이 답답하게 느껴질 때도 있었다. 하지만 이상하게도, 조금씩 익숙해지는 나를 발견할 때마다 작은 기쁨이 생긴다.

배우고 싶다는 것은 살아 있다는 증거다. 호기심이 있다는 것, 성장하고 싶다는 것, 더 나아지고 싶다는 것. 그게 다 살아 있다는 증거다. 반대로 더 이상 배우고 싶지 않다는 것은 삶의 의욕을 잃었다는 것이며, 성장을 포기했다는 것이다. 어떤 의미에서는 살아 있되 살아가지 않는 것이다. 나는 살아가고 싶다. 단순히 숨 쉬고 있는 게 아니라, 진짜로 살아가고 싶다. 배우고, 성장하고, 도전하고, 변화하면서. 그게 진짜 사는 것이니까. 그래서 나는 계속 배우고 싶다.

배움은 식물을 키우는 일과도 닮았다. 매일 눈에 띄는 변화는 없지만, 꾸준히 햇빛과 물을 주면 어느 날 새싹이 솟아 있는 것처럼, 배움에도 시간이 필요하다. 마음이 조급해지지 않도록, 나만의 속도로 걸어가는 것. 그것이 지속할 수 있는 유일한 방법이다. 그래서 나는 앞으로도 너무 서두르지 않으려 한다. 한 걸음씩, 나만의 리듬으로 배우고 익혀 갈 것이다. 내가 원하는 방향으로 나아가고 있다면, 그 자체가 곧 성장이며, 마음을 젊게 만드는 힘이다.

나이는 한계가 아니라
속도의 차이다

천천히라도, 멈추지 않고 걸으면 된다.

중요한 건 남들과 속도를 비교하지 않는 것이다.

어제보다 오늘 한 걸음 나아갔다면 그걸로 충분하다.

─────── 나이를 먹는다는 건 자연스러운 일이다. 하지만 나이가 드는 방식은 선택할 수 있다. 우리는 모두 늙는다. 시간은 흐르고, 몸은 변하고, 주름이 생기고, 체력도 줄어든다. 이는 피할 수 없는 자연의 법칙이다. 그러나 세상 밖에서 늙어 갈 것인지, 세상과 함께 진화할 것인지는 우리의 선택이다.

세상 밖에서 늙어 간다는 건 세상이 변하는데 나는 예전 자리에 머물러 있는 것이다. 과거의 방식만 고집하고, 새로운 것을 거부하며, 익숙함에만 의지하는 삶. 세상은 앞으로 가는데, 나는 그 자리에 남아 있는 것이다.

반대로 세상과 함께 진화한다는 것은 세상이 바뀌면 나도 함께 움직이는 것이다. 새로운 것을 받아들이고, 배우며, 적응하고, 변화의 흐름 속에서 내가 할 수 있는 만큼 발을 맞추어 나아가는 것이다. 나는 이 길을 선택했다. 편안함보다 의미를, 안정보다 성장을, 정체보다 진화를 선택했다. 같은 시간을 살아도, 어떻게 살아가느냐에 따라 삶의 질은 달라진다.

강의하며 만난 시니어분들은 이렇게 말한다.

"너무 복잡해요."

"따라갈 수가 없어요."

"이 나이에 이런 걸 굳이 배워야 하나요?"

그 마음을 충분히 이해한다. 세상의 속도는 빠르고, 기술은 계속 새롭게 변하며, 배울 것은 끝이 없다. 젊은 사람들도 힘들다고 말하는 시대다. 하물며 나이가 든 우리에게는 더 어렵게 느껴질 수 있다. 그러나 그렇다고 해서 멈춰야 할까? 세상의 변화에서 물러나야 할까? 그 선택이 정말 우리에게 위로가 될까?

"나는 이제 늙었으니 배우지 않아도 돼"라고 말한다면 그 순간은 편안할 수 있다. 하지만 시간이 지나면 어떤 감정이 찾아오는가. 세상과 단절된 느낌, 젊은 세대와 대화의 어려움, 뒤처진다는 느낌과 소외감, 쓸모없어진 것 같다는 상실감 등 이런 감정들이 과연 우리를 살게 하는가?

나는 그렇지 않다고 생각한다. 진짜 위로는 포기가 아니라, '나도 해 볼 수 있다'라는 가능성에서 온다.

내가 알고 지내는 82세 할머니는 얼마 전에 스마트폰을 구입했다고 한다. 손주들과 영상통화를 하고 싶다는 이유였다. 처음엔 앱을 여는 데만 10분이 걸렸다. 자꾸만 잘못 눌러 화면이 사라졌고, 문자 입력도 힘들었다. 그러나 그 할머니는 포기하지 않았다. 하루에 10분씩 배우며 메모장을 켰고, 사진을 찍었고, 결국 손주들과 온라인으로 대화도 나누게 되었다.

그녀는 이렇게 말했다.

“젊은 사람들은 달리고, 나는 걸을 뿐이에요. 하지만 결국 같은 방향으로 가고 있잖아요.”

나이는 속도를 늦출 수는 있지만, 방향까지 막을 수는 없다. 걷는 속도로 가도 도착할 수 있다. 중요한 건 움직임이다.

사실 ‘처음이 낯선 것’은 나이에 상관없이 모두에게 똑같다. 젊은 사람들도 새로운 앱을 처음 쓰면 헤맨다. 기능을 익히기 위해 시간을 들인다. 그들도 처음에는 낯설고 서툴다. 차이는 두려움이다. 젊은 사람들은 ‘모르면 배우면 되지’라고 생각하는 반면, 나이 든 사람들은 ‘할 수 있을까?’를 먼저 떠올린다. 하지만 두려움을 넘으면, 배우는 과정은 똑같다. 시도하고, 실패하며, 다시 시도하고 익숙해지는 것이 배움의 방식이다. 나 역시 그 과정을 그대로 겪었다.

글이 저장되지 않아 날려 버린 적이 있고, 인스타그램 게시물이 엉망으로 올라간 적도 있었다. AI 영상이 엉뚱하게 편집되기도 해서 좌절한 적도 있었다. 하지만 멈추지 않았다. 실패할 때마다 배웠다.

이제야 비로소 알게 되었다. 세상은 생각보다 우리를 기다려 준다. 우리가 닫히면 세상도 닫히지만, 우리가 열리면 세상도 열린다는 것을. 가끔 뒤처졌다고 느껴질 때 나는 자신에게 말한다.

"괜찮아. 천천히 다시 걸으면 돼."

천천히라도, 멈추지 않고 걸으면 된다. 중요한 건 남들과 속도를 비교하지 않는 것, 포기하지 않는 것이다. 어제보다 오늘 한 걸음 나아갔다면 그걸로 충분하다. 나는 늙고 있지만, 늙어 가지 않는다. 몸은 나이를 먹어도, 마음은 계속 진화할 수 있다. 세상과 함께 호흡하며, 함께 변화하는 삶. 그게 내가 선택한 길이다. 세상과 함께 진화하자. 우리는 언제든 다시 새로워질 수 있다.

중요한 건 빠르게 가는 것이 아니라,

계속 움직이는 것이다.

멈추지 않는 사람이 결국 세상과 함께 성장한다.

우리에게 필요한 건 젊어 보이려는 노력도,

변화를 두려워하는 마음도 아니다.

세상과 함께 한 걸음씩 나아가겠다는 작은 용기다.

그 용기가 우리를 늙게 하지 않고,

끝없이 진화하도록 만들어 준다.

플랫폼을 채우는 건
나의 이야기다

플랫폼은 장소이고, 나는 그 장소를 채우는 내용이다

어떤 공간에 서 있든 내 이야기를 한다면 그곳이 곧 내 무대다.

──────── 처음에는 인스타그램이 나의 플랫폼이었다. 그곳에 글을 올리며, 댓글에 답하고, 팔로워 수를 확인하며 하루를 보냈다. 인스타그램이 나와 세상을 연결해 주는 유일한 창이었다. 그러다 유튜브를 시작할 무렵, 인스타그램과 별개의 공간이라고 생각했다.

'유튜브는 유튜브고, 인스타그램은 인스타그램이지.'

하지만 시간이 지나면서 두 플랫폼이 자연스럽게 연결되었다. 인스타그램에서 유튜브 영상을 알리고, 유튜브에서 인스타그램을 소개했다. 이후 전자책을 냈고, 강의를 하면서 블로그도 열었다. 나의 활동 공간은 점점 넓어졌다.

그 과정에서 중요한 건 플랫폼이 아니라 그 위에 서 있는 '나'라는 것을 알게 되었다. 플랫폼은 도구일 뿐이고, 그 안에서 무엇을 말하는지가 더 중요했다. 인스타그램이든 유튜브든, 책이든 강의든, 결국 그 공간을 채우는 건 나의 이야기였다. 사람들이 따라오는 것은 플랫폼이 아니라 사람이다. 인스타그램이 좋아서 팔로우하는 것이 아니라, 내 글이 마음에 남아서 팔로우하는 것이다. 유튜브가 좋아서 구독하는 것이 아니라, 내 영상이 유익해서 구독하는 것이다. 무대가 아니라 배우가 중심이어야 한다. 무대가 화려해도 배우가 매력 없으

면 관객은 떠나지만, 무대가 단순해도 배우가 진짜라면 관객
은 머문다.

많은 사람이 플랫폼 선택에서 헤맨다.

"요즘은 유튜브가 대세래."

"틱톡이 블루오션이라던데."

강의하다 보면 가장 많이 받는 질문도 이것이다.

"어떤 플랫폼을 시작하는 게 가장 좋을까요?"

사람들은 플랫폼에 '정답'이 있다고 생각한다. 하지만 플
랫폼은 성공을 보장하지 않는다. 유튜브를 한다고 모두 성장
하는 것이 아니고, 틱톡을 한다고 모두 인기를 얻는 것도 아
니다. 플랫폼은 도구일 뿐, 핵심은 그 도구에 담을 내용이다.

나는 이 사실을 여러 차례 확인해 왔다. 인스타그램이 잘
되지 않던 시기가 있었다. 알고리즘이 바뀌고, 노출이 줄어들
었다. 예전만큼 '좋아요'가 달리지 않았고, 팔로워 증가도 멈
췄다. 많은 사람이 불안해하며 활동을 줄였다. 하지만 나는
멈추지 않았다. 유튜브를 통해 나를 만난 사람들이 다시 인스
타그램으로 돌아왔다. 플랫폼은 흔들렸지만, 나를 향한 관심
은 사라지지 않았다.

비슷한 일이 전자책을 냈을 때도 일어났다. 어떤 독자는

나를 유튜브로 먼저 알게 되었고, 어떤 독자는 강의에서 처음 만났으며, 또 어떤 독자는 책으로 시작해 내 콘텐츠 전체로 확장되었다. 출발점은 모두 달랐지만, 그들은 결국 나라는 사람, 나의 목소리, 나의 메시지로 이어졌다. 그때 깨달았다. 실제로 사람들을 묶어 주는 것은 플랫폼이 아니라 '나'라는 연결고리라는 것을.

한 지인이 말했다. "요즘은 인스타그램이 안 된다더라. 이제는 틱톡을 해야 한다던데?" 하지만 플랫폼이 유행을 타듯 사라져도, 사람의 이야기와 경험은 유행이 없다. 우리가 감동하고 배움을 얻는 것은 특정 앱이 아니라 그 안에 살아 있는 인간의 진심이다. 그래서 플랫폼은 수단일 뿐, 목적이 될 수 없다. 오히려 플랫폼에 집착할수록 방향을 잃는다. 장소가 아니라 내용이 핵심이라는 사실을 잊기 때문이다.

나도 초반에는 플랫폼에 집착했다. 인스타그램 알고리즘을 연구하고, 최적의 업로드 시간을 고민하며, 해시태그를 여러 개 달았다. 그러나 시간이 지나면서 알게 되었다. 기술적 요소도 필요하지만, 그보다 더 중요한 건 콘텐츠 자체의 힘이라는 것을. 아무리 알고리즘을 잘 활용해도 내용이 공허하면 사람들은 머물지 않는다. 반대로 내용이 진짜라면, 알고리즘을 몰라도 사람들은 찾아온다. 그래서 나는 '어떻게 올릴까'라는 고민에서 '무엇을 올릴까'라는 질문으로 초점을 옮겼다. 그 변화가 나를 더 단단하게 만들어 주었다. 결국 사람들은 플랫폼이 아니라 사람에게 반응한다.

플랫폼 뒤에 있는 진짜 경험과 감정, 진짜 목소리에 끌린다. 기술보다 진심, 알고리즘보다 공감, 전략보다 진정성이 더 오래 간다. 사람들은 그것을 느끼고 그런 콘텐츠에 반응한다.

이제 나는 플랫폼에 의존하지 않는다. 플랫폼을 선택하고 활용한다. 어느 공간에서는 내가 전할 메시지는 같다.

"시니어도 배울 수 있고, 시작할 수 있으며, 성장할 수 있다."

이 메시지는 인스타그램, 유튜브, 책이나 강의에서도 변하지 않는다. 그 일관성이 바로 나의 브랜드다. 기술은 계속 변한다. 유행도 플랫폼도 달라진다. 하지만 나의 경험, 가치관, 관점은 사라지지 않는다.

나는 두렵지 않다. 새로운 플랫폼이 등장해도, 지금 쓰는 플랫폼이 사라져도, 나는 또 다른 곳에서 계속 이야기할 수 있다. 어떤 공간에 서 있든 내가 나의 이야기를 한다면 그곳은 곧 내 무대다. 플랫폼은 장소이고, 나는 그 장소를 채우는 내용이다. 더는 외부 환경이 나의 가치를 결정하지 못하기 때문이다.

"나 자신이 바로 플랫폼이다."

이 깨달음은 나를 자유롭게 한다.

멈춰 있던 나를 움직인
배움과 연결의 힘

배움이 나를 움직였다면,

연결은 그 배움을 더 크게 확장시킨다.

──────── 무언가를 새로 배운다는 건 늘 내 안의 무엇인가를 흔들어 깨우는 일이었다. 영상 편집 툴을 처음 열었을 때, 인스타그램에 첫 글을 올렸을 때, 그리고 책을 쓰기 시작했을 때도 그랬다. 화면 가득 낯선 버튼과 메뉴를 보며 막막하고 압도됐지만, 하나씩 눌러 보고 시도하면서 조금씩 세계가 열렸다.

"아, 이 버튼은 이런 거구나."

"이 기능은 이렇게 쓰는 거구나."

두려움보다 호기심이 앞섰고, 그 순간 잠들어 있던 배움의 욕구와 도전 정신이 다시 깨어났다. 인스타그램에 첫 글을 올렸을 때는 더욱 떨렸다.

'사람들이 뭐라고 할까?'

'이상하게 보이면 어떡하지?'

그런데도 용기를 내어 올렸다. 첫 댓글을 받았을 때, 내 안의 어떤 문이 확 열렸다. 책을 처음 쓰려고 할 때는 60년 동안 한 번도 해 본 적 없는 일이라 더 큰 두려움이 있었다. 하지만 한 문장씩 써 내려가자, 오래 숨어 있던 내 이야기들이 흘러나오기 시작했다. 익숙한 세계에서 잠시 벗어나 낯선 세계를 두드리는 그곳에서 배움이 시작되었다.

성장은 늘 불편함에서 온다. 편안함 속에서는 변화가 일어나지 않는다. 낯선 것을 받아들일 때, 우리는 성장한다. 배우기 전의 나는 한가했고, 그래서 게을렀다. 아침에 일어나도 특별히 할 일이 없었다. 하루가 의미 없이 흘러갔지만, 배우기 시작하면서 달라졌다.

"오늘은 편집을 익혀야지."

"오늘은 글을 써야지."

"오늘은 다음 챕터를 생각해야지."

배움은 목표를 만들었고, 그 목표가 나를 움직였다. 삶이 다시 역동적으로 흐르기 시작했다.

처음엔 혼자만의 배움이었다. 그러다 인스타그램을 통해 '공유'가 시작되면서 모든 것이 달라졌다.

"오늘 이런 걸 배웠어요."

"이렇게 해 보니 되더라고요."

그러자 대화가 생겼다.

"저도 배우고 싶어요."

"어떻게 하셨나요?"

혼자였던 배움이 연결로 확장되기 시작한 순간이었다.

특히 인스타그램에서 만난 또래의 시니어들이 그 변화를

함께했다. 그들도 배우고 싶어 했고, 변하고 싶어 했으며, 다시 살아 있는 삶을 살고 싶어 했다. 우리는 서로를 격려했고, 응원했으며, 조언했다.

'나만 힘든 게 아니구나.'

'나도 누군가에게 힘이 될 수 있구나.'

그 사실이 큰 위로가 되었다. 배움이 나를 움직였다면, 연결은 그 배움을 더 크게 확장시킨다. 혼자 배울 때 시야는 좁았지만, 연결되면서 시야는 넓어지고, 생각은 깊어지며, 경험은 풍부해졌다.

누군가에게 설명하면서 더 깊이 이해하게 되었고, 누군가의 질문이 나를 성장시켰으며, 누군가의 경험이 나의 가능성을 확장시켰다. 성장은 결국 관계 속에서 완성된다. 돌이켜보면 가장 큰 변화는 기술이나 수익이 아니다. 다시 사람들과 연결되고 있다는 확신이었다.

나이가 들었다는 이유로 점점 고립되어 가고 있었던 나에게, 연결은 다시 살아 있는 감각을 되찾게 해 주었다.

"선생님 덕분에 용기 냈어요."

"선생님 영상 보고 저도 해 볼 수 있다고 믿었어요."

이 말들이 나를 단단하게 만들었다. 나는 여전히 누군가에게 필요한 사람이라는 확신이 나를 다시 살게 했다.

연결은 생존이다. 특히 나이가 들수록 연결은 더욱 중요하다. 사람과 사람의 연결이 우리를 살아있게 만든다. 나는 앞으로도 계속 배울 것이다. 혼자 애쓰지 말고, 함께 배우고, 함께 성장하자. 그 속에서 우리는 다시 살아난다. 나는 지금 그렇게 살아가고 있고, 앞으로도 그렇게 살아갈 것이다.

배움은 나를 움직였고,

연결은 나를 단단하게 만든다.

외롭고 고립된 순간에도,

다시 살아있음을 느끼게 해 주는 힘이다.

작은 호기심 하나가 두려움을 이기고,

한 걸음씩 나아가게 했다.

배우면서 삶은 움직이기 시작했고,

온자였던 배움은 사람들과의 연결 속에서

더 깊어지고 풍부해졌다.

완성 대신 업데이트를
선택하는 삶

업데이트를 목표로 사는 사람에게 중요한 건,

다른 사람보다 앞서가는 것이 아니다.

어제의 나보다 오늘의 내가 조금 나아지는 것이다.

──────── 휴대폰은 정기적으로 업데이트 된다. 새로운 기능이 추가되기도 하고, 불편했던 점이 개선되기도 한다. 예전에는 업데이트 알림이 뜨면 귀찮았다.

"또? 지금도 잘 쓰고 있는데 왜 바꾸라고 해?" 하며 미루곤 했다. 변화가 불편했고, 새로운 걸 배우는 게 싫었다. 하지만 요즘은 다르다. 업데이트 알림이 오면 왠지 기대감이 생긴다.

"이번에는 뭐가 달라졌을까?"

설레는 마음으로 업데이트 버튼을 누른다. 그리고 새로운 기능을 확인하며 즐거워한다.

이 변화는 단순히 휴대폰 사용 습관이 달라진 게 아니라, 내 삶을 대하는 태도가 바뀐 것이다. 문득 생각했다. 사람도 그렇게 살아갈 수 있지 않을까.

정기적으로 나를 점검하고, 불필요한 걸 지우며, 새로운 기능을 배우고, 때로는 방향을 바꾸는 것. 휴대폰처럼 우리도 업데이트가 필요하다. 낡은 생각을 지우고, 새로운 지식을 설치하며, 버그를 수정하고, 성능을 개선하는 것이 성장이고 변화이며 삶이다.

완성된 사람은 없다. 우리는 모두 진행 중이다. 휴대폰도 계속 업데이트 되는데, 사람이라고 완성될 필요가 있을까?

우리는 평생 베타 버전이다. 예전엔 나이 들수록 '완성되어야 한다'라고 믿었다. 60세면 충분히 성숙해야 하고, 더 이상 변할 필요가 없어야 한다고 생각했다. 사회도 그렇게 가르쳤다.

"나이 들면 원숙해진다"라고 하지만 그 말들은 오히려 압박으로 다가왔다.

'나는 아직도 불완전한데.'

'아직 모르는 게 많은데.'

그래서 불완전함을 숨겼고, 모르는 것도 아는 척했다. 완성된 사람처럼 보이려 했지만, 그건 힘들었고 불행했다. 왜냐하면 나는 완성되지 않았으니까. 아직도 배울 게 많고, 성장할 공간이 남아 있었으니까.

이제는 생각이 바뀌었다. 완성보다는 업데이트할 수 있는 상태로 있는 것이 더 건강하다. 완성되면 끝이다. 변화가 멈춘다고 해도 업데이트 가능한 상태라면 계속 나아갈 수 있다.

60세의 나는 50세의 나보다 더 업그레이드 된 버전이었다. 책 쓰기 기능이 추가되었고, 글쓰기라는 새로운 앱이 설치되었다. 65세의 나는 다시 업데이트 되었다. 인스타그램으로 소통 기능이 생기고, 디지털 세계와 연결되는 네트워크가 확장되었다. 지금의 나는? 여전히 업데이트 중이다. 완성되지 않았고 그게 좋다. 완성을 목표로 하지 말자. 완성은 죽음이다.

어떤 사람들은 여전히 완성을 목표로 한다. 더 이상 실수하지 않는 상태, 부족함이 사라진 상태, 누가 봐도 흔들림 없는 상태다. 그러나 그런 목표는 사람을 멈추게 하고, 새로운 시도 앞에서 주저하게 만든다. 반대로 업데이트를 목표로 하는 사람은 실패와 실수를 시스템 점검 과정으로 받아들인다. 개선의 증거이자 다음 버전으로 넘어가는 과정이라고 생각한다.

주변에서도 그런 사람들을 종종 보게 된다. 나는 68세에 처음 코딩을 배우기 시작한 한 분을 알고 있다. 그는 젊은 시절에는 컴퓨터를 거의 다뤄 본 적이 없었다. 하지만 가족들과 언제든 대화하고 싶다는 이유로 스마트폰 사용법과 사진 편집까지 배웠고, 결국 간단한 웹페이지까지 만드는 사람이 되었다. 그는 이렇게 말했다.

"나는 이제 매년 새로 태어난 기분이에요. 작년의 나는 지금의 나보다 기능이 적은 버전이었죠."

또 다른 지인은 72세에 발성을 배우고 노래를 부르기 시작했다. 유튜브 채널도 만들어 자신이 노래하는 영상을 올린다. 구독자는 많지 않지만, 그는 매 영상을 올릴 때마다 음정이 조금씩 안정되고, 표현도 더 풍부해진다. 그는 조회 수가 아니라 업데이트 되는 자신을 즐기고 있다.

업데이트를 목표로 사는 사람에게 중요한 건, 다른 사람보다 앞서가는 것이 아니다. 어제의 나보다 오늘의 내가 조금 더 나아지는 것이다. 어쩌면 젊음이란 나이가 아니라 업데이트할 의지가 남아 있는 상태일지 모른다

그러면 이제 업데이트를 목표로 하자. 계속 배우고 변하고 나아가는 것이다. 5년 전의 나는 줌이 뭔지도 몰랐고, 인스타그램도 하지 않았고, AI라는 단어도 낯설었다. 하지만 지금의 나는 줌으로 강의하고, 인스타그램으로 소통하며, AI 도구로 영상을 만든다. 기술뿐 아니라 마음가짐도 업데이트 되었다.

"나는 못 해"에서 "나도 할 수 있어"로, "이건 어려워"에서 "배우면 돼"로, "나이 들어서 뭐 해"에서 "나이는 상관없어"로 표현하는 능력도 업데이트 되었다. 예전에는 내 생각을 글로 쓰는 것조차 어려웠지만, 지금은 책을 쓰고, 블로그를 운영하며, 인스타그램에 글을 올리고, 영상도 만든다.

세상을 받아들이는 태도도 바뀌었다. 예전엔 내가 아는 것만 진리라고 생각했지만, 지금은 다른 의견도 듣고 이해하려 노력한다. 젊은 세대의 문화도 배우고 새로운 트렌드도 받아들인다.

이 변화는 하루아침에 이루어진 것이 아니다. 천천히, 조금씩 업데이트 된 것이다. 경험은 자동으로 쌓이지만, 성장은 선택이다. 같은 경험을 반복하며 배우지 못하는 사람들도 있다. 진짜 성장은 경험에서 배우려는 의지가 있을 때 일어난다. 그리고 다음 변화를 기대하는 마음이 있을 때 가능하다.

나는 자신에게 "다음에는 무엇을 배울까?" "어떻게 하면 더 단단해질까?" "어떻게 더 여유롭게 사람을 대할 수 있을까?"라고 묻는다. 그래서 나는 계속 읽고, 듣고, 배우고, 연습한다. 이 모든 것이 내 다음 업데이트의 내용이다.

업데이트를 선택하는 사람은 다음 버전의 자신을 만날 수 있다. 어떤 기능이 추가되고, 어떤 버그가 수정되며 어떤 나를 만나게 될지 모르지만 확신한다. 다음 버전의 나는 지금보다 나을 것이다.

지금의 내가
가장 중요한 버전이다

미래의 나는 보너스다. 기대할 수 있지만,

그 미래를 기다리느라 현재를 희생하지 않는다.

지금의 나로 즐겁게 살아가면 된다.

──────── 우리는 종종 이렇게 말한다.

"예전에는 참 잘나갔었지."

"조금 더 준비되면 시작해 볼까?"

과거를 그리워하거나, 미래를 기다리다 보면 현재는 사라진다. 지금, 이 순간은 늘 불완전하고, 부족하고, 준비되지 않은 것처럼 느껴진다.

"예전에는 참 잘나갔었지"라는 말속에 지금의 나는 예전만 못하다는 전제가 깔려 있다. 하지만 정말 그럴까? 우리는 과거의 좋았던 순간만 기억하고 힘들었던 순간은 지우곤 한다. 그 기억을 기준으로 지금의 나를 평가절하하고 있는 건 아닐까?

"조금 더 준비되면 시작해 볼까?"라는 말에는 지금의 나는 아직 부족하다는 생각이 있다. 하지만 그 '조금 더'는 영원히 오지 않는다. 배움은 끝이 없고, 완벽은 도착할 수 없는 지점이기 때문이다. 나 역시 그런 말속에 자신을 묶어 두며 시간을 보냈다. 과거를 기준 삼거나 완벽한 미래를 기다리는 사이에 '지금의 나'는 자꾸 작아졌다.

"예전에는 기억력이 좋았고, 에너지도 넘쳤는데…"

그렇게 과거와 비교하며 지금의 나를 깎아내렸다.

“글을 더 잘 쓰게 되면 책을 쓸까?”

“인스타그램을 완벽히 이해하면 시작할까?”

“AI를 완전히 배우고 나면 유튜브를 할까?”

완벽을 기다리다 기회를 놓쳤다. 지금 할 수 있는 것들을 미뤘다. 그러나 유튜브를 시작하고, 사람들과 연결되고, 새로운 것을 배우면서 지금의 내가 가장 중요한 버전임을 비로소 이해하게 되었다.

과거의 나는 지금의 나를 만들었기에 소중하고, 미래의 나는 나아갈 방향을 보여 주기에 중요하다. 하지만 실제로 존재하는 것은 지금의 나뿐이다. 과거의 나는 기억 속에 있고, 미래의 나는 상상 속에 있다. 그러나 지금의 나는 여기서 선택하고 행동할 수 있다.

첫 영상을 만들 때를 기억한다. 영상 하나 만드는 데 사흘이 걸렸지만, “조금 더 배우고 올릴까?” 고민하다가 그대로 업로드했다. 완벽을 기다렸다면 지금도 시작하지 못했을 것이다. 서툴게라도 시작했기에 여기까지 올 수 있었다.

새로 하는 일은 당연히 서툴다. 처음부터 잘하는 사람은 없다. 부족함을 인정하면 배울 수 있고, 성장할 수 있다. 지금의 내가 할 수 있는 최선을 다하는 것, 그것이면 충분하다.

인생은 언제나 지금의 나를 기준으로 흘러간다. 어제의 나로 오늘을 살 수는 없다. 내일의 나로도 오늘을 살 수 없다. 세상은 지금의 나와 연결되고, 지금의 나에게 반응하고, 지금의 나를 응원한다. 60세의 나는 50세의 나보다 나아졌다. 65세의 나는 또 그보다 나아졌다. 앞으로의 나도 계속 업데이트될 것이다. 하지만 미래만 바라보며 현재를 낭비하지 않는다. 지금 가진 지식과 에너지로, 지금 할 수 있는 일을 한다.

미래의 나는 보너스다. 기대할 수 있지만, 그 미래를 기다리느라 현재를 희생하지 않는다. 지금의 나로 정직하게, 즐겁게, 살아가면 된다. 완벽하지 않아도 괜찮다. 부족해도 괜찮다. 그 불완전함이 우리를 사람답게 만든다. 지금의 나로 충분하다고 느끼는 순간, 평화가 온다. 지금의 나를 믿고, 지금의 순간을 살아가자. 그것이 진짜 삶이다.

오늘보다 조금 더 나아진 새로운 나를 향해

내가 유튜브를 하고, SNS에 글을 올리고, 사람들 앞에서 강의한다는 것이 누군가에게는 익숙하고 자연스러운 일일지 몰라도, 나에게는 하나하나가 두려움을 넘어 얻어 낸 변화였다.

60세에 첫 책을 쓰고, 65세에 AI를 배워 이렇게 '지금'이라는 시간을 살게 될 줄은 예전에는 상상조차 하지 못했다. 돌아보면 화려한 이력도, 빠른 속도도 없었다. 다만 포기하지 않고 한 걸음씩 걸어온 내가 있었다.

하고 싶은 것을 해 보는 용기, 모른다고 주저앉지 않는 태도, 내 속도로 계속 나아가겠다는 마음이 나를 여기까지 데려다주었다. 앞으로도 나는 '완벽한 나'를 꿈꾸지 않을 것이다. 그저 지금의 나를 조금씩 업데이트하며, 오늘보다 내일 한 걸음 더 나아가는 삶을 바랄 뿐이다.

세상이 빠르게 변해도 괜찮다. 나는 나만의 속도로, 내 방식대로 배우고, 연결되고, 표현하며 살아갈 것이다. 이 책을 덮는 이 순간, 당신의 마음에도 아주 작은 용기, 그리고 '나도 해 볼까?' 하는 미세한 떨림 하나가 피어났기를 바란다.

늦었다고 생각하는 그 순간이 사실은 '시작하기 딱 좋은 때'다. 이 책을 쓰기까지 오래 머뭇거린 시간이 있었다. 나의 이야기를 적는다는 것이 여전히 부끄럽고 두려웠다. 그러나 끝까지 마무리할 수 있었다. 용기를 냈기 때문이다. 당신도 용기를 내길 바란다. 지금 이 순간의 당신은 이미 충분히 시작할 준비가 되어 있음을 믿는다. 그러니 주저하지 말고 앞으로 나아가자. 오늘보다 조금 더 나아진 새로운 나를 향해.

잘하는 사람보다, 시작하는 사람이 더 용감하다.

능숙함은 시간을 들이면 누구나 얻을 수 있다.

하지만 첫발을 내딛는 용기는 흔치 않다.

시작하는 사람만이 실패와 두려움을 마주하며 성장한다.

오늘 한 걸음 내딛는 사람이 내일 다른 인생을 살게 된다.

작은 발걸음 하나가 내일의 삶을 바꾼다.

우리는 종종 큰 변화를 기다리며 머뭇거리지만,

움직이는 순간부터 세상은 달라 보이기 시작한다.

나이는 꿈을 가르는 기준이 될 수 없다.

꿈은 나이가 아니라 지금 해 보겠다는 마음에서 비로소 시작된다.

조금 늦어도 괜찮다.

삶의 경험이 쌓인 지금의 당신이야말로,

새로운 꿈을 이루기에 가장 좋은 때일지 모른다.

우리는 종종 '늦었다'라는 말로 자신을 가둔다.

하지만 늦은 때란 없다.

시작은 늘 현재형이고, 오늘은 언제나 다시 선택할 수 있는 시간이다.

이 책을 덮는 당신의 마음에 아주 조용한 용기 하나가 깃들기를 바란다.

한 걸음만 내디뎌도 지금의 당신은 새로운 길을 여는 첫 주인공이 된다.

오십, 당신은 무엇이든 할 수 있는 사람

초판 1쇄 인쇄 2025년 12월 12일
초판 1쇄 발행 2025년 12월 26일

지은이 지인옥
펴낸이 배민수 이진영
기획 · 편집 밀리&셸리
디자인 디자인현
마케팅 태리
펴낸곳 테라코타 **출판등록** 2023년 1월 13일 제2024-000080호

주소 서울시 용산구 원효로 128 e-테크밸리오피스텔 907호
메일 terracotta_book@naver.com
인스타그램 @terracotta_book

ⓒ 지인옥, 2025
ISBN 979-11-93540-42-8 03190